U0033808

吳墉祥戰後日記

（1946）

The Post-War Diaries of Wu Yung-hsiang, 1946

民國日記｜總序

呂芳上
民國歷史文化學社社長

　　人是歷史的主體，人性是歷史的內涵。「人事有代
謝，往來成古今」（孟浩然），瞭解活生生的「人」，才
較能掌握歷史的真相；愈是貼近「人性」的思考，才愈能
體會歷史的本質。近代歷史的特色之一是資料閎富而駁
雜，由當事人主導、製作而形成的資料，以自傳、回憶
錄、口述訪問及日記最為重要，其中日記的完成最即時，
描述較能顯現內在的幽微，最受史家重視。

　　日記本是個人記述每天所見聞、所感思、所作為有
選擇的紀錄，雖不必能反映史事整體或各個部分的所有細
節，但可以掌握史實發展的一定脈絡。尤其個人日記一方
面透露個人單獨親歷之事，補足歷史原貌的闕漏；一方面
個人隨時勢變化呈現出不同的心路歷程，對同一史事發為
不同的看法和感受，往往會豐富了歷史內容。

　　中國從宋代以後，開始有更多的讀書人有寫日記的
習慣，到近代更是蔚然成風，於是利用日記史料作歷史

研究成了近代史學的一大特色。本來不同的史料，各有不同的性質，日記記述形式不一，有的像流水帳，有的生動引人。日記的共同主要特質是自我（self）與私密（privacy），史家是史事的「局外人」，不只注意史實的追尋，更有興趣瞭解歷史如何被體驗和講述，這時對「局內人」所思、所行的掌握和體會，日記便成了十分關鍵的材料。傾聽歷史的聲音，重要的是能聽到「原音」，而非「變音」，日記應屬原音，故價值高。1970 年代，在後現代理論影響下，檢驗史料的潛在偏見，成為時尚。論者以為即使親筆日記、函札，亦不必全屬真實。實者，日記記錄可能有偏差，一來自時代政治與社會的制約和氛圍，有清一代文網太密，使讀書人有口難言，或心中自我約束太過。顏李學派李塨死前日記每月後書寫「小心翼翼，俱以終始」八字，心所謂為危，這樣的日記記錄，難暢所欲言，可以想見。二來自人性的弱點，除了「記主」可能自我「美化拔高」之外，主觀、偏私、急功好利、現實等，有意無心的記述或失實、或迴避，例如「胡適日記」於關鍵時刻，不無避實就虛，語焉不詳之處；「閻錫山日記」滿口禮義道德，使用價值略幾近於零，難免令人失望。三來自旁人過度用心的整理、剪裁、甚至「消音」，如「陳誠日記」、「胡宗南日記」，均不免有斧鑿痕跡，不論立意多麼良善，都會是史學研究上難以彌補的損失。史料之於歷史研究，一如「盡信書不如無書」的話語，對證、勘比是個基本功。或謂使用材料多方查證，有如老吏斷獄、

法官斷案，取證求其多，追根究柢求其細，庶幾還原案貌，以證據下法理註腳，盡力讓歷史真相水落可石出。是故不同史料對同一史事，記述會有異同，同者互證，異者互勘，於是能逼近史實。而勘比、互證之中，以日記比證日記，或以他人日記，證人物所思所行，亦不失為一良法。

從日記的內容、特質看，研究日記的學者鄒振環，曾將日記概分為記事備忘、工作、學術考據、宗教人生、游歷探險、使行、志感抒情、文藝、戰難、科學、家庭婦女、學生、囚亡、外人在華日記等十四種。事實上，多半的日記是複合型的，柳貽徵說：「國史有日歷，私家有日記，一也。日歷詳一國之事，舉其大而略其細；日記則洪纖必包，無定格，而一身、一家、一地、一國之真史具焉，讀之視日歷有味，且有補於史學。」近代人物如胡適、吳宓、顧頡剛的大部頭日記，大約可被歸為「學人日記」，余英時翻讀《顧頡剛日記》後說，藉日記以窺測顧的內心世界，發現其事業心竟在求知慾上，1930 年代後，顧更接近的是流轉於學、政、商三界的「社會活動家」，在謹厚恂恂君子後邊，還擁有激盪以至浪漫的情感世界。於是活生生多面向的人，因此呈現出來，日記的作用可見。

晚清民國，相對於昔時，是日記留存、出版較多的時期，這可能與識字率提升、媒體、出版事業發達相關。過去日記的面世，撰著人多半是時代舞台上的要角，他們

的言行、舉動，動見觀瞻，當然不容小覷。但，相對的芸
芸眾生，識字或不識字的「小人物」們，在正史中往往是
無名英雄，甚至於是「失蹤者」，他們如何參與近代國家
的構建，如何共同締造新社會，不應該被埋沒、被忽略。
近代中國中西交會、內外戰事頻仍，傳統走向現代，社會
矛盾叢生，如何豐富歷史內涵，需要傾聽社會各階層的
「原聲」來補足，更寬闊的歷史視野，需要眾人的紀錄來
拓展。開放檔案，公布公家、私人資料，這是近代史學界
的迫切期待，也是「民國歷史文化學社」大力倡議出版日
記叢書的緣由。

導言

馬國安、林弘毅

一

　　中國近代歷史讀物，時代雖近，卻往往仍予人一股難以親近的距離感。現代讀者大多無法想像，在巨變頻生、戰亂進逼的時空環境，身為一個「人」的個體，究竟是如何去面對、看待，又如何真正生活其中。

　　戰爭的爆發，哪股勢力推進到哪裡，只是一段記載；物價的漲跌，這個月米的價格多少，只是一個統計數據；交通線的推展，哪條鐵路銜接哪個港口，只是地圖上的一條線⋯⋯。

　　這些與那些，是如何伴隨我們的曾祖父母輩、祖父母輩，甚或是父母輩的人生？在政府檔案裡找不到的解答，日記則提供了另一種更有「人味」的指引視角。

　　民國歷史文化學社出版一系列的民國日記，包括本次的吳墉祥戰後日記，就是為了要讓逝去的時代影像鮮活起來。為家屬留紀念，也為歷史留痕跡。

二

　　吳墉祥（1909 年 4 月19 日—2000 年11 月18 日），字茂如，生於山東省棲霞縣第五區吳家村。曾祖父吳亞元，祖父吳愷運，父親吳庚吉。1914 年入私塾，後因吳家村新式小學成立，轉入就讀，其後再升煙台模範高等小學、私立先志中學。

　　1924 年，在于洪起（前國會議員、先志中學校長）與崔唯吾（國民黨膠東黨部特派員、先志中學教師）的介紹下，於該年10 月加入國民黨。惟因北伐期間，各地軍閥頑抗，又適寧漢分裂，國民革命軍不知何時可以攻克山東，遂毅然決定南下，投考中央黨務學校，並獲派赴北伐前線與山東省黨部工作。俟大局底定，中央政治學校（國立政治大學前身）成立，復申請回校，畢業報告為與姜啟炎、許餞儂、楊書家等三位同學合編的「安徽財政」（其負責第一冊，洋洋灑灑三百餘頁），為1933 年第二期財政系第一名畢業，也埋下日後前往安徽服務的伏筆。

　　畢業後以優秀成績留校擔任會計助教，1936 年起轉赴安徽地方銀行任職，先自安慶分行副理、經理做起（一年），再任總行總稽核（四年），繼任副總經理（四年），時值對日抗戰，安徽淪為各方勢力角逐之地（國、共、日汪），地方銀行身處敵後，調劑地方金融，業務繁重，對穩定地方與戰區，功勞不小。總統府人事調查表中並記載，其「自26 年至34 年，始終在皖省從事敵後金融

工作，參加大小戰役九十餘次」。

雖即如此，身為山東籍人士，仍隔閡於桂系所掌握的核心之外。適逢山東省主席何思源有意重建省銀行，便於1945年前往投效，任常務董事兼總經理，復受邀至齊魯公司擔任常務董事兼董事會秘書長，在國共兩軍爭奪戰後山東控制權的複雜情況下，致力為山東服務，且因在共軍圍攻濟南期間，維持市面金融得力，獲得省府嘉獎，連晉兩級。其間，並取得高考會計師合格證明，於日後得以會計師專業執業。也曾參選棲霞區第一屆國民大會代表，名列第二，而為國民大會列席代表。

山東陷共後，於南京、上海、廣州等地處理齊魯公司業務。1949年7月以國民大會代表證件獲得赴臺許可，舉家遷移臺灣臺北。於煙台聯中案時，多方聯繫山東籍人士，為營救張敏之校長而努力。之後齊魯公司職務解除，其便以會計師執照維生。1956年應美國國際合作總署（International Cooperation Administration）駐華安全分署之聘任，為高級稽核，跑遍全臺灣，查核受援單位之會計收支。1965年美援結束，改任中美合營之台達化學工業公司財務長，1976年退休。其後活動多為列席國民大會，於大法官釋字第261號解釋公布後，1991年退職。在動盪時局中，仍嚴謹持家，與妻子共同撫育六名子女長大成人，都各有所成，為其晚年生活最感快慰之處。

其一生戮力於財政、金融、會計之研究與工作，在中央政治學校就學時即發表期刊論述多篇，畢業後出版

《中國貨幣問題論叢》一書，抗戰時仍筆耕不輟，來台
後在《臺灣合作金融》、《國民大會憲政研討委員會年
刊》、《稅務旬刊》等發表文章數十篇，皆有關於財金問
題者。

三

　　吳墉祥自1927年赴南京考取中央黨務學校起，便有
記載日記的習慣，可惜於戰亂過程中，1944年以前日記
亡佚不可得。本次出版雖取名為戰後日記，實則起自1945
年1月1日，終於1950年12月31日，以戰後復員為核心，
至來臺灣後稍微安定時止。

　　其內容包含抗戰末期敵後第十戰區情形、戰後重
慶、復員、接收、抗共被圍於濟南、競選國民大會代
表、濟南淪陷、遷徙臺灣、澎湖煙台聯中案等，按日記
載，逐日不斷。但因戰爭或工作繁忙的關係，或有隔數
日後補記日記，致日期有所錯置，也屬時人撰寫日記的
正常情形。

　　在這六年的日記中，我們可以看到一個忠黨、愛
鄉、為國的知識分子，在1945年8月如何欣喜於戰勝日
本，「晚八時街市鞭炮聲大作，聞係日本投降，至半夜有
報紙號外發行，報僅索值一百元，實則僅數十字，為日本
已提出接受波茨坦宣告，無條件投降，八年抗戰，至此已
與盟國共獲大勝。」又在1946年如何慨歎於剿共之不得

人心，「中心工作為與共產黨在收復區內爭取人心，其中
最重要者為不報復，不得因自己為地主，阻礙耕者有其田
之實行，但執政者多為地主階級，含有內在矛盾，如何貫
澈，非無問題，此舉實為國民黨存立與失敗之關鍵，以目
前人心之絕對自私，恐非有強有力之克服工作，實未能使
一切新政令不為之變質。」「政府能否掌握民心，此不失
為重要關鍵，聞益都縣府進城後屠殺附共青年甚多，與政
府大政方針相背。」

　　另一方面，也因為他的財金專業與工作，日記中也
大量記錄了職務上的各種事項，包含安徽地方銀行與山
東省銀行的營運等問題，可望有助於戰後初期的金融史
研究。

　　至於1949年的山東煙台聯中案，因校長張敏之與吳
墉祥本為先志中學同學，且一同加入國民黨，抗戰與戰
後復員時期亦多有聯繫。在煙台聯中案發生後，其與山
東各界在臺有力人士多方營救的過程，於日記中鉅細靡
遺，則是當事人口述歷史與政府檔案之外，相當重要的
側面資料。

四

　　關於這份日記，編輯的方式依照年、月、日的順序
編排，原先日記中所分類的小標題，如「師友」、「職
務」、「娛樂」、「體質」、「家事」、「看書」等，皆

有所保留，便於讀者閱讀。至於部分記載有僅止涉及親人的私密內容，則予以刪除，容我們為家屬保留一點隱私。

　　最終仍是希望，這份日記能為戰後的歷史留下一點痕跡，一天一天的記錄，像是一則一則的故事，呈現的不只是吳墉祥一個人的人生，而是一個時代裡的芸芸眾生。

編輯凡例

一、吳墉祥日記現存自1945年至2000年，本次出版為1945年至1950年部分。

二、古字、罕用字、簡字、通同字，在不影響文意下，改以現行字標示。

三、難以辨識字體，以■表示。

四、部分內容涉及家屬隱私，略予刪節，恕不一一標注。

附圖

1946 山東省相關位置圖

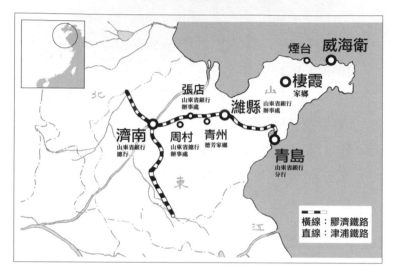

（盤惠秦／繪製）

目　錄

1946 年（38 歲）

1946 年小引

　　勝利和平之年，已隨時序之運轉而降臨矣。回溯此劃時代之一年，不僅在民族國家為一大轉捩，即在個人之事業過程，亦為有生以來之關頭。八年苦戰，亦已顛沛流離，周旋搏鬥，雖無疆場上赫赫之功，然勉盡崗位之責，亦已無負我炎黃子孫之天職矣。今幸最後之功，終屬於我，凡今日尚在生存之男女老幼，臨對此揚眉吐氣之日，快慰之情，當毋庸贅述。余當此重要關頭，連想去年度事業上之轉變，深感大我小我，若合符節。余從業銀行亦既十年，大部光陰於戰爭中度過，雖艱苦備嘗，而志節曾不稍渝，只因曲高和寡，不容於時，而有在皖之光榮失敗，迄今去思依依，生色異鄉。半載奔走跋涉，還我故土，操我舊業，為一省金融事業之總綰，受命以來，殫精竭慮，深慮弗勝，乃國格雖復，內政未修，瘡痍遍地，又陷困境，年終回顧，殊覺費力大而收穫微，感於責任之重大，清夜捫心，往往為之不寐，值茲新歲之始，應如何惕勵奮發，持以堅貞，渡此難關乎？其將於今年窺之矣。

　　馬齒徒增，已近不惑之年，自問學問修養，竟無寸進。雖在驚濤駭浪人慾橫流之中，猶能清白乃身，無負父母之劬養，師長之教誨，然學殖荒落，賦性孤高，以此涉世，仍恐難免重蹈過去之覆轍。余生性寡合，以致不能應付社會，從而不能擔當事業，縱由今視之幾成沉疴，萬奮

我餘生，終當謀取改善之道，自今以往，應更求群性之發
揚與環境之適應，使我之過往基礎不致成為事業發展之累
贅，則善矣。所不能自釋者，好靜原為修養之助，涉及於
動，則不免於同化於物，而喪其固有之秉賦，且靜則易於
培養理智，動則易於發揮情感，余早年情感豐盈，受文學
之陶融也極深，後則屏絕刺激，專務實學，十數年之轉
變，始勉有今日之成就，今後補偏救弊，既屬義無反顧，
然如何能不惑於人欲，有當於天理，小節不拘，而主宰不
失，去取之間，是在勉勵為之矣。

　　　　　　　　　　　三月十四日夜補作，因病中也。

1月1日　星期二　陰、下午雪

元旦

　　今日為民國三十五年之元旦，濟南各界雖在八路軍
環伺之中，因係抗戰勝利後之第一新年，故普遍表現一種
歡騰氣象。本行休假，晨趨至行內，集團早點後，在庭前
舉行全體同人團拜，並由余致簡單之祝詞，謂百年來我國
受帝國主義之侵略與不平等條約之壓迫，現在尚生存之人
民，均在此中度其黯淡之歲月，今年元旦實為有生以來最
快樂之新年，因我國已躋於強國之林，一切束縛均獲解放
故也，惟將來建國工作，任務艱鉅，經濟尤為骨幹，金融
乃經濟之樞紐，望各同人認識本身崗位之重要，奮發勉
勵，無負此千載一時之良機。本行開幕甫經一月，年底前
方在籌畫之階段，今後如何切實開展，亦望戮力同心，有

以赴之云。同趙副經理到何主席處、李副長官處及省府趙
廳長、丁廳長、劉廳長等處拜年，僅晤何氏，餘留片。到
南營參加民眾慶祝大會，十二時散會後訪牟尚齋兄拜年，
不遇。中午，行內聚餐，共八席，飯後並舉行游藝會，有
歌詠清唱及說笑話、雜耍等，余亦應約說慳慳各人之衣食
住行笑話一則，成績尚佳，游藝會至五時始在和樂歡暢中
散會。晚聽廣播北平慶祝元旦京戲，馬連良全部、群英
會、借東風至午夜。

1月2日　星期三　陰

師友

中午，約張卓然、孫化鵬兩兄來宿舍便飯，並閒
談，中午收聽濟南廣播電台放送崑曲，傍晚至大地咖啡店
夜點，其地本為日人經營，現經青年團接收，侍應者有三
數日本下女，年齡較長，且可伴舞或授舞。

娛樂

晚，與卓然、化鵬兩兄至北洋戲院觀劇，有朋菊庵
之打棍出箱，尚佳，大軸為曾碧君等之戰宛城，此劇場面
甚大，角色極多，除老生、小生外，幾於色色俱全，凡費
時兩小時，在後方因情節略有妨礙風化之處，故不經演，
余為初次觀此劇，排列甚佳，曾碧君飾鄒氏，唱做俱佳，
而前後串演亦緊張不懈。

1月3日　星期四　晴

職務

本行因年底未辦決算，且各機關均只有年假二天，故今日之例假停放，照常營業。今年開初營業存款驟增，餘額達四萬萬餘，故放款方針亦將略有變通，商業放款亦將開始經營，以免耗息。

采風

晚飯，同張卓然兄到三馬路緯四路日華日本料理店吃雞素燒，自日本投降，該國僑民日陷苦境，到達時門懸我國國旗，僅由其門前懸字之日文得悉為日本店鋪，入內後有下女迎接，脫鞋入其鋪席房間，由卓然指定其下女二人掌鍋並偕同用餐，一名幸子，一名美代子，幸子為一少婦，美代子則自稱廿三歲，則少女也，斟酒、點煙、取菜皆由彼等任之，甚為周到，此等場合在余為初次，飲日本酒亦為初次，味近我國老酒，僅略淡耳。雞素燒係用風爐上按鐵鍋，平底如墨盤，先用豬油煉化，次加白菜、大蔥、牛肉等，僅用糖與醬油為佐料，而不用鹽，故甜過於鹹，待肉熟而食，酒則僅用兩杯，四人合用，賜飲則飲，且頻頻道謝，聞前此習慣並不共餐，現在則應合中國人之習慣也。此輩生活極困難，飯間幸子有家人在大門外索用費，臨時由卓然接濟二百元，面容悽慘頻頻怨嘆，戰敗國之人民，殊可悲也。

娛樂

同卓然到青光看新年游藝會，有書寓及歌女鼓娘清

唱及相聲魔術等，尚有可觀。

1 月 4 日　星期五　晴

職務

中午，舉行會報，討論放款方針及代直接稅局收存稅款事，又關於各行處開始推設後之聯行制度等問題。山東公報登載省府令本行接收濟南偽聯合準備分行，該行副理許君來詢，余以事出突兀，電話詢牟尚齋兄謂為不知，復派人詢其消息來源，該報得自風聞，將於明日更正失實。

交際

晚，副長官部副官處長李宜生、省府兵站組長李鶴亭、省警備旅黃旅長及調查室許主任揆一在勝利大廈請客，到二十餘人。飯後同張會計長景文至林建五局長處閒談，並約定星期日在彼處晚飯。

1 月 5 日　星期六　晴

職務

交通部濟南區鐵路局所轄鐵路以膠濟路為主，接收數月，屢次修復，屢次再遭共產軍破壞，營業收入寥寥，全恃交部接濟，據云每月支出達五、六億，而收入不過五千萬餘，中央款未到時即覺不能周轉，昨在宴會場中遇該局局長陳舜畊，商請透支，余以邇來頭吋甚寬，呆存耗息，且該局來源有著，不虞落空，故允其請，今日該局派

總務處吳處長來行接洽手續，當即起草合同，交其閱後同意簽訂，限度一億，三月為期，按月息五分計息，大致言之，尚屬上算云。

娛樂

晚，張會計長景文來約同往北洋戲院觀劇，為紅鬃烈馬，自武家坡起至登殿算糧止，由朋菊庵飾薛平貴，王寶川一角因曾碧君請假，由王豔琴代演，亦尚平妥，無特殊精彩。

1月6日　星期日　晴

職務

上午，到東關何主席公館訪前日代表行政院院長宋子文氏來濟視察接收情形之南京中國銀行經理彭湖字石年，略談本行為適應市面需要不得不趕早開幕之理由，並希望速催中央銀行來濟設行，彭氏今日偕何主席乘專機赴青謁宋，因即等候相送，乃至午飯後仍無飛機到達之消息，乃辭歸，事後悉下午三時飛機始至，臨時得悉往送者不如晨間之多矣。

娛樂

下午，劉明順、萬惠侯兩秘書來訪，約同至共和廳聽清唱與大鼓，好角不多，清唱者尤尋常，僅有王鳳九之單弦比較出色，另有小玉蓉、小玉霞之梅花大鼓寶玉探病及寶玉訪晴雯兩段，亦尚平實可聽，歌女凡有二十餘人，枯坐台旁未有參加機會者甚多，亦所謂人浮於事也。

交際

晚，警察局林建五兄在寓宴客，到者皆熟人，計有林鳴九、張卓然、孫化鵬、張景文及劉明順諸兄。

1月7日　星期一　晴

職務

濰縣為縐轂東西之地，貿易、工業兩俱繁盛，本行亟宜設分行或辦事處，經營業務，為適應此刻動盪不定之局面及節約開支，並以遷就目前人才缺乏之困難，初步只應成立辦事處，年底前派往調查接收魯興銀行之李德義君尚稱細密，余即擬派定為代理主任，但徵求趙副總經理翔林之意見，渠認為李之風度尚不如一勤務，決難勝任，余即告以余本人初無成見，李係在余到濟以前經趙所任用，且曾擔任會計科內之股主任，此人與余毫無關係，只須有相當之人選，余絕無成見，趙只謂李難勝任，又不能提出何人可以勝任，致使此事又須延擱數天，此人遇事掣肘，復無建設性之意見，往往類是。與趙談及房產事，以前民生銀行經偽興農委員會接管之產業已經黨政接收委員會通過歸本行接管，此即趙所曾極力作梗不欲由行接收者，現在鑒於各方面紛紛向本行接洽租用，其本人曾接收一醬油廠，亦欲租一房為門市部，於是對此類房屋又覺有積極接收之必要，余即告以掌握民生銀行不動產為本行最重要之退步，因目前所用之偽魯興銀行房屋實與省府所屬民生行關係不多，設中央銀行來濟依法接收，本行無理由可以抗

衡也。此人遇事有時頭腦甚清，有時又極糊塗，有時剛
愎自用，高低進退之間，全然不知，絕非可以擔當大事
者也。本行頭寸漸裕，決定開做抵押放款，今日發出新
聞稿一則，加以宣傳，並說明開業後對於工礦、交通、
公用事業均已放款甚多，商業放款方面因目前物價激烈
變動，為不使發生刺激作用，故極審慎，現在則物價甚
穩，為繁榮市面計，故即開做抵押放款云，此稿面交中
央社記者杜君。

1月8日　星期二　晴
職務

　　下午，舉行行務會報討論接收正金銀行房屋，經營
放款及聯行制度等問題。下午，到省府接洽公務，有財政
部來電一件，准省府電告本行業已開業，核與規定不符，
請飭停止，至於撥資五千萬元一節，應請將籌設計畫核定
後再行核辦等語，余主不復，財廳科長朱潤成、孫丹忱則
主復其下半段，余認為亦可。又省府對於六月一日到職之
人員曾發給每人布二疋、麵三袋又糖十斤，六月以後到職
人員則布一疋、麵二袋，本行抗戰人員亦曾陳情，今日再
向牟尚齋兄催促，據談容與趙廳長商量，余並申明余三月
即到阜陽，並非新委人員，牟兄亦承認。到會計處訪張會
計長景文詢關去年至今年公務員生活補助費辦法，以作本
行規定待遇參考，原則已明，惟法令未全到云。

1月9日　星期三　晴
職務

　　本行開始承做抵押放款，藉以適應市面需要，增加本行收益，大體上規定利率為月息六分，抵押品為免物價波動，照市價對折作抵，貨物須進本行倉庫，如數量特多，亦可設立外倉，派人前往保管，保險因合法公司尚無一家，只能就資格較老之中國銀行所辦中國保險公司辦理，雖該公司在收復區敵偽時期業務未停，但相信清理以後仍有繼續必要，不致落空云。訪第四方面軍王耀武總司令所派來濟之前進指揮所主任陳金城，不遇。訪第二十集團軍參謀長趙季平及參謀處吳處長又副官處處長張漢，僅與張君晤面，據談將來本省歸徐州行營之第二綏靖區司令王耀武云。

師友

　　晚，棲霞旅濟各機關工作同鄉公請牟尚齋兄夫婦，到者計十九人，地點在林建五兄寓所。

1月10日　星期四　晴
職務

　　今日以全日時間將全行人員待遇核定，本欲與副總經理趙翔林會商一切，因余甫著手，渠即不告而出，全日未歸，且行內多數人係彼經手延用，此君遇事動喜以感情好惡為轉移，所表示之人事意見，一向多破壞性而少建設性，為免多生枝節，即於核定後與總務科長李琴軒稍加商

酌，立即發表，薪俸部分均按職務由較低之等級敘起，以節開支，而留晉級餘地，生活補助費部分，去年十至十二月份照中央規定本省公務員基本數七千元發給，薪俸加成亦照規定為六十倍，公糧則按照合理方式以去年十二月十五日之小麥市價折發代金，今年起公糧取消，生活補助費基本數二萬元，加成七十倍，行役則去年公糧照發代金，併發十分之二之基本數，今年發十分之五之基本數，自十二月份起作為經常開支，以前屬於開辦費，在外兼職人員，依法不得兼薪，由本行分別酌給津貼，以資補助。山東公報社去年底曾來函索元旦紀念文稿，但特刊並未刊載，至今亦未在專欄補登，反之則復來函約余為社論委員會委員，此報之辦事真可謂奇特，余昨日曾去一信，謂該稿有尚須補充之處，希望將原稿檢還，亦未答覆，今日該報有記者前來採訪新聞，余即託其回社查詢，請予檢還，至晚仍無消息，何以有此情形，真令人不解也。

交際

晚，應八區專員張天佐之邀在石泰岩吃飯，渠係還席之意，在座各機關近二十人，甚盛。

師友

魏雪盧兄之妹婿張君父女持魏兄由皖來信託余謀事，余允將張父介紹至財政廳，張女在行先行存記，容添人時傳補。晚訪宋志先兄，並由宋兄處送譚訏民夫人回寓，即與其夫婦下跳棋二局。

1月11日　星期五　晴

職務

　　中午，舉行行務會報，研討明日接收正金銀行房屋事，規定由總務科指定人員分組工作，又日本軍隊所佔用該行之一部分房屋，將另行設法收回，以呈請省府令飭遷讓，但移交時仍應包括在內。派往青島調查人員陳報青市中央銀行經理談話，謂未註冊之各省市地方銀行均應停止，已開業者由中央行接收云，余方訝此談話之於法無據，又接陸嘉書兄自青來信，謂市銀行奉中央令停止籌設，其本人仍願在余以下工作云云，始知該談話所指者為市銀行，遂為之恍然，因市銀行之籌設工作在法律上根據薄弱，在事實上亦無必要，此舉固極正確也。

交際

　　晚，應林建五兄之約在青年會吃飯，其所請者皆新近到濟之軍界首長，余乃作陪者。

師友

　　晚，訪牟尚齋兄夫婦於小緯二路，移時林建五及于永之兩兄亦至，閒談至九時辭出。

1月12日　星期六　晴

職務

　　本行與正金銀行約定之接收日期為今日下午二時，余事先準備致詞手稿，動身前並約集協助接收人員談話，告以應持不卑不亢嚴肅和諧之態度，嚴格清楚之手續，並

須洞悉接收之目的為以前民生銀行被該行佔用之房地產器
物，並非接收正金銀行之本身，旋即依時率同至該行，該
行人員出迎，頗有禮貌，比即由正門入登樓上之會議室，
該行已準備妥善，余居首位，左側本行人員坐，右側正金
銀行安島支行長、有吉副行長以次坐，案上有茶點、煙捲
等。余首先起立宣達接收意思五點，因該行安島在西洋多
年，英語甚通，故由本行一行員以英語譯轉（惜程度不
佳，所譯多欠充分）。余報告第一點，接收之法令根據為
財政部令被日偽奪去之銀行由原銀行接收，經省府指定本
行接受民生銀行一切財產；第二點，手續根據為黨政接收
委員會之十二月十二日第二〇一號通知，並洽定以房地產
器具用品為範圍；第三點，責任問題，因民生銀行撤退時
財產均留置未動，故正金現存房地產器具物品均在接收範
圍之內，如查明有短少時，由該行補足，其非屬於該行之
責任者，得提供證明由本行呈請政府向日本當局追償；第
四點，該行在月底以前得向本行出據借用房屋器物；第五
點，本行接收人員名單。旋安島聲明接受，並陳述民生行
木器在該行購房時已無，又文具為消耗品，不能移交，余
即解釋前者須負責提證，後者仍應接收，但可借用，因民
生行原於撤退時遺有文具也，安島即無異詞，並對於本行
允其月底前使用房屋器物，表示感謝。旋即開始閒談，余
以和藹之態度答覆其所詢偽聯銀券收兌及中國銀行何時來
濟等題外問題，該行人員均感親切，毫無不安之感，歷時
一小時半，即囑各協助接收人員開始分三組著手，余由安

島及其譯員陪同巡視行屋一周，即辭出回行，此次接收雖在兩國之間為細小局部之事，但富有歷史意義，故余始終感覺興奮愉快也。今日接收之時間，趙副經理立鵬事先本已知之，而屆時不至，大抵有關接收之事項，此人多持不合作態度，正金銀行不過其一端耳。余由種種方面觀之，此人在行對一切措施，多著眼於消極之阻撓，對積極開展行務甚少助力，所謂成事不足，敗事有餘，深為焦慮。

娛樂

晚，張會計長景文來，同至北洋大戲院觀劇，為新角王麗青所演全本十三妹，至則業已開場，紅柳村已過，正演悅來店，由此至能仁寺與合婚止，凡二小時半，演來頗緊湊精彩，陪角亦可。

師友

晚，林毓祥、林瑞庭兩兄來訪，閒談，並承林瑞庭兄贈壽山石章一對，尚係舊石。

1月13日　星期日　晴

師友

中午，牟尚齋兄在寓召飲，在座有丁廳長基實、張委員鴻漸等人，飯後無事，同至緯三路日本故物拍賣所，見萬頭鑽動，有人在高凳上呼喊，逐件拍賣，以浪費時間太多，未加停留即至隔壁一日本咖啡館吃咖啡休息，侍女為日本人，且有音樂，見吾等帶有武裝隨從，頗露訝異之態。少頃辭出，同至大地咖啡館，情形相似。乃又至省黨

部接收之日本領事館參觀，設備極為精雅華貴，又至省立
醫院訪王院長讓千，見正臥床養病，辭出後訪林建五兄
於其寓所，會有女客宋女士者，極喜談京戲，略談即辭
出，至隴西里赴譚訏民夫婦之邀約晚飯，在座者有宋志
先兄等。

1月14日　星期一　晴

師友

張卓然兄來訪，談代吳先培兄運用款項之大概情
形，張兄與本市商界關係頗多，情形甚熟。

職務

省政府經管現款委託本行代理出納，名為代理省
庫，其實嚴格言之，非省庫也，以前省府自設省庫，往往
憑單據抵現，久久不能整理，本行接收後經與財政廳約
定，非憑支付書絕不付款，藉以解除帳務困難與養成領款
機關良好習慣。本行庶務有不規則情形，譚科長慶如曾以
單據相示，但不能肯定其弊端所在，余有意加以密查，又
恐礙及對外行譽，此等事殊難處理也。財廳調來本行兼辦
籌備工作人員決定只支薪一份，不得兼領，但如所支係較
少之一份，另予津貼。

娛樂

晚，觀王麗青演女起解及三堂會審，王伶以唱工見
長，身段較差，故演此劇最相宜也。

1月15日　星期二　晴

體質

數日前右手食指左側指甲接縫處微覺脹痛，未以為意，竟與日加劇，兩日來向牟尚齋兄處索得朝發夕安藥片十餘片服之，致未發寒熱，然局部亦未見消腫，服此藥後胃口大敗，食量減弱。

師友

譚訏民夫人及宋志先兄等來訪，譚夫人贈所藏上等龍井茶一聽，實目今珍品，至可感也。

娛樂

晚與友六人至北洋戲院觀王麗青演「得意緣」，由比武起至發鏢下山，此劇為余初次觀賞，情節極為動人，尤以下山一段與其姊、大母、生母、祖母之數場，人情各有不同，可謂刻畫入微。

1月16日　星期三　晴

職務

連接匿名信兩件，且有致何主席交下之一件，指摘本行有漢奸佔據重要地位，其中有一件且謂余係同學，願在報上約時面談，事涉怪誕，未予置理，余已料及係魯興偽行未被本行留用之絕望人員所為，及翻轉一件之封套裡面視之，果係魯興銀行印就信封，可謂無理取鬧矣。上午，恆豐泰銀號開幕，特往道喜。省庫由本行代理，但手續均係因陋就簡，支付書只有直字，領款書無一定格式，

又款項來源皆中央所發（因省已無財源），皆其特徵也。

1月17日　星期四　晴

體質

到大華醫院診療右手食指，腫脹甚劇，已不能動手寫字，而跳膿時脈搏甚速，覺有不適，續服朝發夕安藥片，惟此次由大華取來者係屬日本製造，服後胃口減退，正復相同。

藝事

在古董店買董其昌行書手卷一件，疑其不偽，又拓本蘭亭長卷一件，有圖跋多幀，其中序記本有五種，只存四種，細審始知，未知係以何法取去，然由此足見其有相當價值也。

娛樂

觀王麗青演「盤絲洞」，此劇本係以女角色相動人，唱做均無可取之處，王伶亦然。

1月18日　星期五　晴

職務

上午，同宋志先兄訪第二十集團軍總司令夏楚中，夏氏乃民國十七年中央黨務學校軍訓大隊長，頗有師生之雅，然年代已久，相互間均不可識矣。晚，參加省政府所發起公宴夏總司令之宴會，參加者四、五十人，頗極一時之盛。青島、濰縣有設分行辦事處之必要，今日將張振

玉、陸嘉書派為青行經、副理，史紹周派為濰縣辦事處主任，張未到青前由陸暫行代理。

師友

同鄉于紹奎新丁外艱，下午攜香紙往弔，初至其寓所不值，由停靈處折返始在寓。

1 月 19 日　星期六　晴

師友

今日來訪者有吳子庸先生、林毓祥兄及寧陽牛希文縣長，均直接間接介紹業務。

娛樂

晚，與張景文兄等至北洋戲院觀王麗青演「大英節烈」，此係為全部之豪傑居鐵弓緣，極有意致，王伶演來極生動有致，改扮男裝一段反串小生，嗓音嘹亮，極佳。

體質

右食指續腫脹，由表皮已可窺見生膿甚多，中午奇痛難耐，終日作熱敷，下午至大華醫院由華子修兄開刀，初用麻藥極痛，竟為暈倒，休憩飲白蘭地後漸癒，經過尚好。

1 月 20 日　星期日　晴

師友

晨，知崔唯吾先生隨張委員溥泉來濟宣慰，往訪不遇，下午與宋志先、洪小東兩兄往訪，始晤見，詳談企業

公司應積極籌備事及盼於回渝後向財政部催辦本行註冊手
續事。

職務

　　謁見張委員溥泉報告本行業務及偽鈔、共產軍鈔票
等當前嚴重問題，頗蒙嘉納。

交際

　　中午，參加本行李科長琴軒結婚禮，不甚隆重。
晚，赴夏楚中、趙季平兩將軍之宴會。

娛樂

　　晚，觀王麗青演「廉錦楓」，此劇甚短，有唱無做，
今日為王伶之最後一場，明日即停演矣。

1月21日　星期一　晴

職務

　　今日上午至省政府參加省府各委員補行宣誓典禮，
由張溥泉氏監誓並致訓詞。下午出席張溥泉氏歡迎茶會於
省府大禮堂，各機關因外界多有指摘，故解釋報告極多。

藝事

　　下午在譚訏民宅吃雞素燒，飯後至宋志先兄寓所參
觀新發起之交際舞教授課程，由日人菊池及其婦井上幸擔
任教授，初步為華爾滋（Waltz），余亦試步，覺無可著
力處。

體質

　　昨、今兩日右食指已漸覺輕鬆，但為慎重計，均至

大華醫院換藥，由華子修兄親自為之。

1月22日　星期二　晴

職務

遵張委員溥泉之囑，代擬電一件致財政部俞部長，請中央行速來濟收兌偽鈔並望將共產黨發鈔問題向該黨提出談判。偽鈔賠盤至六、七折，民間感受極大痛苦，本行為補救計，辦理偽鈔抵押放款。山東公報記者魏道城前來訴說生活痛苦，余借其一萬元，新聞界不應爾也。

藝事

晚，至宋志先兄處續學交際舞，今日除菊池夫婦外，尚有伴舞之青木由紀子（アオキユキコ）及寶豐麵粉公司徐小姐，余見其步伐尚有一定規律，而苦難記憶，自審對此道恐不得其門而入也。

1月23日　星期三　晴

師友

宋東炎君來洽商依照省田賦糧食管理處規定由余出名作為其保舉之人，當允其所請照填。

職務

青島分行濰縣辦事處工作人員已由總行分別調往，名單發表數日，有因家庭問題自行或託人與余洽商免調者凡三數人，余為維持威信，一概未允所請，以免治絲益棼，調遣不靈之弊。

交際

晚，商會李主席書忱請客，所請多半為有眷屬者，由其夫人及長媳接待，頗有條理。

藝事

晚續學舞，初試步伐，今日日本人方面又有藤本菊枝（フジモトキクシ），本姓高垣（タカガキ），其夫藤本在山西作戰久無音訊云。

1月24日　星期四　晴

師友

晨，訪崔唯吾先生，據談不久仍將再回山東主持企業公司事。中午，訪宋志先兄，並留午飯，在座有連日伴舞之青木由紀子與菊池之妹等人。菊池之妻，前日允讓售藤娘一架，並於昨晚取來，玻璃框極大，做工亦細，付款堅不肯受，今日又謂其小孩不願贈之他人，將欲索回，余覺出爾反爾，未予置理。

職務

張宣慰使溥泉將行，余覺本行有撰致書面報告之必要，遂令文書起稿，加以修改發繕。

娛樂

晚，應張會計長景文之約至北洋觀劇，為李凌雲演起解會審，唱做均平平無足道。

1月25日　星期五　晴

職務

　　上午，到飛機場送張委員溥泉及崔唯吾先生赴青島，中午始起飛，本行致青島分行重要公文均託崔氏帶往。下午，舉行會報，余因鑑於政府與共產黨已協定停止衝突，交通恢復有望，推設辦事處亦有可能，故提出設班講習行務事，即以行內已有人員為對象，講授營業會計與公庫等，但因種種困難，恐不能實現。又總行庫存已達十億，頭寸極寬，授信業務宜加強。

體質

　　連日至大華醫院逐日換藥，每次均於洗淨後用褐色藥膏敷上包紮，腫已漸消，無何痛苦。

1月26日　星期六　雪

職務

　　因頭寸極其豐裕，對商業放款不復以緊縮為事，凡以貨物送倉庫抵押者均儘量承做，又偽鈔押款申請者亦極多，因利率雖須六分，但預料中央銀行一月內可以到達開始收換，以一月之利息成本，可以換回行用偽鈔只能作價七、八折之損失，一本十利，極可觀也，樣本亦向聯銀分行索來存驗。

家事

　　舊曆年關在即，青州岳家恐需款殷切，而共產軍盤踞，幣制不同，無法通匯，今日託人撥兌五萬元。

集會

晚，在李副長官延年寓開公誼社成立大會，此社為業餘組織，且具有紀念抗戰之意義。

1月27日　星期日　陰

職務

上午，到省幹訓團參加本期結業典禮，散會後並多人同至飛機場歡迎王耀武司令官，但未至。

交際

因春節在即，雇用廚役一名，今午試其手藝，約宋志先、洪岳及譚訏民夫婦吃飯，結果頗為失望。晚，譚慶儒兄在三島造紙廠請客，係雞素燒，由該廠前廠長現技正日人大塚及其職員某之戚加藤代表夫婦出任招待，下女田鶴子調味，加藤極細密殷切，井井有條，風度為國人所無。

娛樂

晚，應林建五兄之約與張景文兄等在勝利戲院觀劇，為張豔卿霸王別姬，尚大致平妥。

1月28日　星期一　陰

師友

上午，牟尚齋兄來電話，謂交通銀行新任經理季獻之君已到濟，刻在省府，余乃乘車至省府相晤，季君鎮江人，與趙棣華先生有戚誼云，談頃同至尚齋兄寓午飯，飯

後季君並至本行拜訪，略談即去。中宣部特派員宋梅村兄
來訪，宋君乃十餘年前老友，來濟任務為接收云。

交際

　　晚，參加林毓祥兄與張秀貞女士之訂婚宴，到者
二十餘人，新婦溫婉靜穆，風度頗佳。

藝事

　　續學交際舞，華爾滋略窺門徑，今日開始學狐步舞
（Fox Trot），其特徵為多用平拖步。

1 月 29 日　星期二　陰

交際

　　中午，到省黨部參加各界歡迎何應欽總長與王耀武
司令官之公宴，凡四席。晚，為交通銀行季經理獻之洗
塵，被請作陪者有趙、丁兩廳長、牟秘書長及同業大陸、
上海、東萊等行經理。

藝事

　　續學狐步舞，據菊池告余，已學六種步法（steps），
即 walking、natural turn or right turn、reverse turn or left
turn、quarter turn、zigzag 等，尚有一種原地全轉，余忘
其英文名稱，各種步法均不難學，兩腿能著力，在場能進
退自如，手力能指揮舞伴，則非有相當熟練不可也。

1月30日　星期三　陰

職務

　　本市電燈公司本向本行簽訂合同借用流動資金，後又謂利息高不願支用，本行派去駐廠之人亦被拒絕，現在因週轉不靈，又來舊事重提，該公司經營腐敗，民怨沸騰，雖允其請，亦勉為其難也。

交際

　　晚，請林毓祥兄及未婚妻張秀貞小姐等吃飯，作陪者有林建五、張慎修、林瑞庭、孫化鵬等夫婦四對，又有劉明順兄聞其夫人到濟，亦在邀約之列，但渠堅不承認，僅隻身前來，亦奇事也。

娛樂

　　參加省府堂會，有曾碧君、朋菊庵之打漁殺家，及新近到濟尚未露演之馬莉珠之梅龍鎮，尚佳。

1月31日　星期四　陰

職務

　　會計、稽核、出納、營業四科之長對總務科李科長因調動人事及支配木器簽到認真等事引起不滿，並簽呈意見，余見其所提者皆從冠冕堂皇處著眼，故亦以公事公辦之態度批之，實則各有私衷難言，余則不理之。日本人持有偽鈔者申請押款，與日僑管理處商定由該處劃一出面辦理。

師友

　　下午應張景文兄約至銘新池洗浴。華子修夫婦贈並
蒂蓮兩盆，又手製全雞一大盤。

體質

　　右手繼續換藥，大致均係每日為之，間有兩日一次
之時，腫未全消，但完全無膿矣。

2月1日　星期五　晴

職務

泰安被共產軍圍困中，有奉命來濟接洽購糧者持偽鈔簽請何主席批准交本行兌換，出納已允辦理，見新版太多，恐兌換不易，著其攜回調換，忽有自稱該縣縣長之明廣譜來電話，極蠻橫無理，余則絕未動氣，向其詳說後，始漸瞭解，由其補具公函以一月為期，屆期還現款。

師友

答訪中宣部特派員宋梅村兄不遇。答訪交通銀行季獻之經理。今日為廢曆除夕，晚飯承譚訏民夫婦約吃年飯，又承牟尚齋夫婦亦約請吃飯，屆時一一前往，飯後並在志先兄處閒談。

2月2日　星期六　晴

交際

今日為舊曆新年，昨夜深宵入睡，今晨黎明即起，匆忙中致不為客居之怨涼所襲，早點後同趙副經理翔林出發拜年，先至交通銀行，與季經理偕同出發，先至何主席處，不遇，至王司令官耀武處，略談，又至李副長官延年處，官員極多，旋又與趙君分拜夏總司令楚中，霍、廖兩軍長及尚齋兄。來拜年者有本行同人及婁秘書中明、恆豐泰銀號。午飯約志先、小東及趙副經理共餐。

娛樂

晚李副長官、何主席堂會馬莉珠演「大英節烈」，

為馬伶拿手戲，唱做均有可觀，掌聲雷動。

2月3日　星期日　晴
交際

　　今日為春節假期之第二天，來拜年者有華子修兄，余因答拜昨日來拜者亦出發，計所至之處有第十二軍王副軍長君培、婁秘書中明、翟專員毓霈、高院胡院長章甫、恆豐泰銀號等處，上午余至華子修兄處，渠係下午來答訪者。晚飯，應張景文兄之約在斜馬路便飯。

娛樂

　　晚約友觀劇，係舊年前所糾集者，凡十人，輪流約集，今日為余，戲目為馬莉珠之起解會審，此劇以唱工特繁，均忖度非唱花衫之馬伶所能勝任，但結果大出意料之外，洵難能可貴也。

2月4日　星期一　陰
交際

　　今日前來拜年者有孫貽蘭女士，並持來一函備中央銀行經理到達時送遞介紹入該行工作者，又有趙明遠、范之翰、譚訏民諸君，余均未遇。出門答訪曾來賀年者，計到參議會劉秘書長幼亭處，並連帶訪參議員郭金南君，此外為臧伯風委員，趙季勳廳長、宋從頤委員、黃庸夫旅長，均不遇。

娛樂

應張景文兄之約觀馬莉珠演「大英節烈」，此劇為第二次觀賞，唱做均不稍懈，頗為難得。

瑣記

案頭養金魚兩尾，活潑生動，忽然數日來漸現沉默，有時浮沉不自主，竟掙扎久之，相繼死亡，惜哉。

2月5日　星期二　晴

交際

今日假滿開始營業，但因習俗方在廢曆年後，營業清淡，上午到田糧處答拜郝宇新、張之縈兩副處長，順便為王隱三處長賀年，不遇。晚，應中國、大陸、上海、東萊四銀行之合請，在上海銀行晚飯，被請之主客為交通銀行季獻之經理，以次為余與趙副總經理翔林，相談甚歡。

娛樂

晚，應徐軼千教育長之約至青光戲院觀馬莉珠演「盤絲洞」，此劇在花旦唱做均不甚繁重，不過有出浴一場以色相動人而已，馬伶服裝極佳，蜘蛛精緊身及披肩均有蛛網，頭上有大蜘蛛。

2月6日　星期三　陰

職務

存款日漸增加，將近二十億，而申請貸款者甚少，雖云廢年後生意尚未活動，但以市況言之，根本滯澀蕭

條，無此胃口，故如何消納，大成問題，此種情形為余經
營銀行以來所僅見，時局如此，奈之何哉。下午，同徐軼
千、張景文、趙翔林至省黨部訪龐主委鏡塘、楊書記長鵬
飛及同來之銀行界人內定為本行董事之張希盈，又訪裴議
長鳴宇，均不遇，時已薄暮，四人同至中山公園散步。

娛樂

應趙廳長季勳約觀馬莉珠演「頭二本虹霓關」代洞
房，東方氏被殺止，極為精彩。

2月7日　星期四　晴

職務

上午，出席何主席召集之商界人員談話會，由何氏
苦口婆心說明政府復員之種種困難，人民負擔不能減輕之
內在原因，歷一時許，極動人，嗣為交行季經理及余向全
體介紹，首由余作簡單致詞，說明本行極願為繁榮市面效
勞，有何見教之處，均極歡迎，次由季氏說明該行不日復
業之方針為先辦存匯云。晚，宴請宋梅村特派員、胡章甫
高院院長及俞物恆經濟部特派委員等，八時散。

娛樂

晚，應丁廳長基實之約觀馬莉珠演「霸王別姬」，
此劇本非以青衣為唯一主角，演來平平。

2月8日　星期五　晴
師友

訪張卓然兄，均對目前物價觀察看漲，因滬、津、青市價均高過濟南也，午飯後返。林鳴九兄來訪。
職務

中午舉行會報，詳細研討擴大放款之方策，主要癥結在市面衰沉，經營者口胃不健。正金銀行經理安島來行報告該行汽車被強借之經過及木器不足數之原因，極為冗長，其實簡單報告已足，凡談一小時。
交際

參加軍校聯誼社餐廳開幕，去時已剪綵畢。答訪畢天德兄不遇。臧伯風委員贈徽墨一盒。
娛樂

同季經理獻之觀曾碧君演「戰宛城」，此劇曾伶扮相做工均佳，惜嗓音嘶啞，為缺陷耳。

2月9日　星期六　晴
職務

中午，舉行茶會歡送派赴青島、濰縣工作同人，由余致詞勗勉，說明本行初創，同人最應警惕者為樹立良好風氣，青行經、副理張振玉、陸嘉書可為良好之領導者與榜樣，其次行務不能洩漏秘密，如此次派人至各行處，各方推薦人員者極多，即係行內所引起，此後務須切實注意，不得無中生有，或揣奪虛構云，次由趙副總經理致

詞，亦多勗勉，被送人員且有代表答詞。

藝事

　　晚，續學跳舞於宋志先兄處，由藤本菊枝伴舞並教授，事後詳談日本文字，極感意致。

2月10日　星期日　晴

師友

　　上午，訪牟尚齋兄，同至南商埠舊貨肆閒游，並留午飯，飯後同訪裴鳴宇議長，談本行監察人事。

交際

　　晚，參加省府宴會公宴龐鏡塘、裴鳴宇。參觀青年會畫展，遇李副長官吉甫，購贈冊頁一本。

職務

　　晚，與何主席談兩事，一為本行頭寸太多，準備收購棉花，自利而利農村，何氏甚表贊同；二為昨日有函介紹趙綏之女士到行任職，是否必須按插，何氏初似不知其事，繼謂有缺可補，否則作罷云。

娛樂

　　晚，應季獻之兄之約到青光觀馬莉珠「十三妹」，僅悅來店、能仁寺，全劇無高潮，故不見十分精彩。

2月11日　星期一　雪

職務

　　晨，到省政府出席擴大紀念周，由王司令官耀武報

告對於各級公務人員之希望。下午，在省府大禮堂公宴李
副長官延年，因其即將赴京，此間職務已交卸也。派赴青
島行員因鐵路未全程通車，請求買飛機票，余允所請，但
以明日班機為限，不能搭乘，即當循陸路前往。宋志先兄
明日赴青島，余因病手不能作字，故託將各情向李先良市
長、陸嘉書副理面達，並代高希正進行工作。

藝事

晚續在志先兄處學舞，今日為初步之探戈Tango，藤
本伴舞，探戈特性為躚足而行。

2月12日　星期二　晴

職務

派赴青島工作人員本核定乘飛機前往，但副長官部
調查室（代行航檢所職權）未能全數核准，只有位次一
個，今日要求改搭下次班機，余以毫無把握，仍飭改循陸
路前往。青島分行保薦行員數人，余以該行人員已經由總
行派定，不便再添，只准添一營業人員及中農行所介紹之
出納人員。

交際

晚應姜佐舟兄約至勝利大廈吃飯，未待開飯即辭。
晚應交通銀行約至該行赴宴，凡二席。

娛樂

晚應季獻之兄之約在青光觀馬莉珠演「勘玉釧」，
此劇一名荊釵記，為荀派作品，情節甚曲折有趣。

2月13日　星期三　晴
職務

　　財政廳趙季勳廳長談及民生銀行之清理問題，謂各方面尤其省參議會對此事極為關切，故即將成立清理委員會，著手清理，余意最重要者為兩端，一為在抗戰發生以前階段，文卷帳簿均在重慶，應速運回；二為在敵偽佔據時期有所謂興農委員會，此委員會所管各事應即接辦。

交際

　　晚應林建五兄之約在其寓所吃水餃，凡一桌，係請春酒之意。晨，張卓然兄來訪，閒談。

娛樂

　　晚，應建五兄約觀劇，馬莉珠貴妃醉酒唱做身段均佳，又有南天門斬經堂，他伶所唱，亦有可取。

2月14日　星期四　晴
職務

　　與趙副總經理及譚科長談買棉花以消納頭寸調劑農村事，咸認為顧慮太多，不如先調查紗廠情形，透過紗廠，予以接濟存儲原料。青島分行正積極籌備，為適應需要，兼以補救此間各銀行缺款商人由青匯濟款項不能儘量承做之困難，故即先行通匯，匯入之款甚多。正金銀行房屋器具交冊已送來，其中有借交中國人應用之汽車、木器已飭從速收回，以便呈報。

娛樂

報載王麗青在勝利戲院登台，晚數友往觀，至則並無其事，僅舊角敷衍，乘興而往，敗興而歸。

2月15日　星期五　晴

職務

下午，出席建設廳所召集之企業公司籌備會，到者商界數十人，推定籌備人十二人，余為其中之一。

師友

下午，在省府晤牟尚齋兄，談及馮有辰兄有信願來本行任分行經理，余以無缺，允在總行派充業務專員。李會長書忱來訪，談參議會主張恢復民生銀行，余以私人資格各方主張者目標不同之情形。

娛樂

晚，應趙翔林約觀馬莉珠演得意緣，發鑣起下山止，馬伶演來伶俐活潑，刻劃入微，極為動人。

體質

近日五、六日換右食指敷藥一次，今日已將指頂露出，以便接觸空氣，促其復原，且已毫無痛苦。

2月16日　星期六　晴

職務

營業科副科長楊春煦辭職，因其本身有經營之事業，不可兼顧，故允許所請，適以前安徽企業公司會計主

任韓仲鑑來信，願到此幫忙，即將韓君發表為營業科長，在未到前由存款股主任魯希曾代理。下午出席企業公司籌備會，分配各人認募股份數，金融界預定為五百萬元。

師友

下午訪王崇五兄於南商埠，承贈日本藤娘一架。訪趙明遠君於仁愛街，不遇。

娛樂

晚，季獻之兄約觀馬莉珠演「鎖雲囊」，此劇情節太鬆，女伴男裝反串花面亦無佳處。

2 月 17 日　星期日　晴

師友

洪小東兄來談最近交通部來人與省府商洽公路局即將成立及本省運輸處設立問題，適宋志先兄赴青島未能相值，而建設廳及省公路局乃極力阻止運輸處之成立，其中不免涉及宋兄之將來問題，余將與丁建廳長加以研究，務使雙方並行不悖。洪兄為人熱情有加，殊宋兄得力之佐手也。

交際

午參加祝廷琳、趙建鳳婚禮，入席後何仙槎法籍夫人向鄰室約集女賓前來飲酒，圍座趣味橫生。

娛樂

晚與孫化鵬及仲振國夫婦觀孟麗蓉演「勘玉釧」，唱工甚佳，而嗓音太窄，較之馬莉珠大為遜色。

2月18日　星期一　晴
職務

上午，與各機關首長同往飛機場歡迎黨政考核委員會秘書長沈鴻烈氏，候三小時始到達，沈氏此次係由青島來，氏前任青島市長及山東省政府主席，故政府發動盛大之歡迎，但依理性言之，此類歡迎實未免太多，若干汽車之汽油浪費與若干人員之時間浪費，合而計之，實屬不貲也。

師友

晤及建設廳丁廳長基實，詢及關於交通部公路總局將於本省設立運輸處事，丁氏認為省設有公路局，如交部亦設一運輸處，實重複而不經濟，余見其立場如此，實非對宋志先兄有何成見也。

2月19日　星期二　晴
職務

上午至皇亭體育場參加各界歡迎沈秘書長鴻烈及省參議會裴議長鳴宇與省黨部龐主任委員鏡塘大會，由何主席致詞歡迎，繼由三氏相繼演說，最後因今日為新生活運動紀念日，又由青年團支團部主任臧伯風演說，十一時散會。直接稅周村分局局長謝松雪同鄉來訪談。

娛樂

晚，各機關公宴沈鴻烈氏等於省政府大禮堂，飯後有游藝，首為馬莉珠演辛安驛，因戲院不停演，故甚短，

未帶洞房，次為孟麗蓉坐宮，袁金凱、蔣少逵連環套及票
友打漁殺家，十二時始散。

2月20日　星期三　晴
交際

　　午，應趙明遠處長之約在仁愛街寓所吃飯，原約昨
日晚飯，因與公宴衝突，又改為今午，但到者仍少，不過
許揆一、靳鶴聲、于仲崑與秦亦文等四、五人而已，趙係
回教中人，故清真館備菜，甚為可口。晚，成大、仁豐、
成通三紗廠聯合約宴於青年會，賓主凡四十餘人，席間余
與成通苗海南經理談及目前花紗市價以濟南為獨低，而棉
花毫無出路，農民坐困，兩利之道為趁低價購儲棉花，或
作為本行購進，或作為紗廠購進，由本行接濟資金均無不
可，苗君對此亦感興趣，謂將三家協商進行云。

2月21日　星期四　晴
職務

　　連日由庶務人員忙於粉刷前民生銀行即正金銀行行
屋，準備遷移，惟正門門額須有名家題字，始壯觀瞻，而
濟南殊乏其選，昨日兩行員各寫一份，均不中意，今日承
譚訏民兄代託陳鶴巢君寫成一份，其字極平實而有書卷
氣，決定採用，余昨日試集皇甫碑、道教碑、麻姑壇，均
不能齊。

娛樂

　　晚在譚訏民兄處便飯，飯後約其夫婦及洪約李安民
諸君至青光觀馬莉珠演「孔雀東南飛」，此劇為本自古樂
府「孔雀東南飛」者，描寫焦仲卿之妻劉蘭芝以不容於
姑，強迫休回，復被其母與兄強迫改嫁，於洞房後在後花
園晤焦偕殉，凡演兩小時始畢，情節極悲苦，馬伶做戲功
夫亦極逼真，有時為之酸鼻，譚太太則數度泣不可抑，可
見動人之深。劉氏在被休時唱詞有「猛抬頭見孔雀飛過東
南」，為全劇增加不少詩意，又劇中道白亦有許可諷刺社
會之處，頗有足多。（馬伶演至最悲苦處涕泗縱橫，觀眾
亦為之感動，采聲雷動，其所以如此，容亦交織有身世之
慟歟？）

2月22日　星期五　晴

職務

　　上午，到交通銀行賀該行復業，本行並存入國幣
三億元，表示堆花，但該行亦存入本行四億元，並有其他
同業開本行支票送該行存入者，亦經該行將票據送來收
帳。下午，出席山東民生企業公司第二次籌備會，決定速
印本公司招股簡章與認股書及速覓公司地址，余提出民生
銀行以前所有之緯五路轉角房屋一處，極為相宜，如以前
託余物色房屋之中國農民銀行能不用此屋，可由公司租
用，又決定籌備費在股款未收到以前向本行借三十萬元，
俟股款收到撥還。

師友

下午，訪華子修夫婦，其夫人李淑英女士忽詢及李祥麟兄近況，白頭之約雖毀，似仍未斷念焉。

娛樂

晚與張卓然兄觀馬莉珠演「弓硯緣」，凡一小時半，十三妹在此段中純係青衣，唱做均尚佳。

2 月 23 日　星期六　晴

職務

到民生銀行舊址察看，本行已正式興工粉刷，門額亦開始做字，其後院本由日本軍人隔牆分用，茲為速其遷移起見，將牆拆除，院落恢復舊觀，極其完備整潔，預定下月三日即可移入辦公也。

師友

下午，益都蔣仲芳君來訪，渠與德芳家為鄰右，與德光弟為小學同學，故來探詢其消息，並面達近年德芳父母弟妹等情形，又有由青州來人帶來岳母信一件，略告近況，謂託人帶去之款已收到云。

娛樂

晚，應林鳴九兄之約在青光劇院觀馬莉珠演雙姣奇緣，由拾玉鐲起至硃砂井止，凡兩小時，未帶大審，馬伶初飾孫玉姣，實際拾玉鐲一段為最精彩，後飾宋巧姣，雖係青衣，則配角矣。

2月24日　星期日　晴

交際

中午，應譚訏民夫人之約在其寓所吃雞素燒，在座有洪小東及李安民等，飯後並至洪兄處觀賞其一部分票友清唱。晚，民國日報社長孫君野請吃飯，在座七、八人，並請有青光劇院女伶馬莉珠，馬伶下裝余係初次見過，甚端莊，談吐亦文雅，因今晚出演時間提前，故未入席即匆遽辭去。

游覽

下午，同洪小東等往游四里山，其地有日本神社及我國一小禪寺，位置甚軒敞，桃林一片，已現紅苞，但昨晚有八路軍特務活動，槍砲之聲不絕，緯二路南端尚有絲網，如臨大敵，局勢如此，亦可哀也。

娛樂

晚應孫君野兄之邀至青光觀劇，為馬莉珠之穆柯寨，凡一小時，唱做均尚可取，此劇為余初次觀看，又名楊宗保招親。晚應張景文兄之約至北洋觀劇，為孟麗蓉之梁山伯祝英台，殊少精彩。

2月25日　星期一　陰

職務

上午，本行所接收正金銀行即前民生銀行房屋院內小樓房兩所借住之日本軍人移出，本行正準備整理之間，隔壁所住第二綏靖區部隊即拆牆入內布崗，謂奉令接住，

交涉無效，比往訪綏靖區司令部副參謀長羅幸理，謂目前因市區核心防務重要，為控制各交通線計，有借住各重要房屋之必要，但僅係短期，且不含接收意味，言下即書片面轉其營長藍天民，望設防勿礙本行工作。但李科長訪藍據云係區司令部副官處所用，且將築隔牆，範圍較日本軍官居住時猶大，此次波及者不僅本行，市房多被佔用云。

交際

中午在寓宴客，到有季獻之、張景文、林建五、周曉東、洪小東、趙翔林、孫君野及夫人、譚訏民夫人及馬莉珠，馬伶頗有酒量，且禮貌甚周，最後離席一一執壺敬酒，談京戲時亦侃侃而談，文雅大方，據稱其父早年在煙台名馬笑雲唱青衣，余猛憶二十年前事，為之喟嘆不置，飯後告辭，與譚太太各攜去一有字蘋果。

2 月 26 日　星期二　陰

職務

連日本市物價隨津、滬等地行市繼長增高，金價且將近較半月前提高一倍，依常情度之，商人見有利可圖，似將提起向銀行請求貸款之興趣，而事實上此種情態殊少表現，其原因為進貨並無來源，交通恢復希望甚微，而自二十三日共產軍小組擾亂南郊發生衝突後，駐軍姿態全有只保街市之模樣，強佔房屋，阻止交通娛樂，人心浮動，更無人敢於擴充營業，長此以往，經濟前途未可樂觀也。

師友

晚，張卓然兄在青年會宴客，到者王繼祥總隊長、
金錦湘主任、徐慧清組長、泰記莊賈子彬君等。晚，訪宋
志先兄，渠係昨日由青島返濟，談及在青晤及同學甚多，
皆對於集體發展經濟事業有所準備，至為欣慰，又承宋兄
贈駱駝香煙五包，桔子、香蕉各二枝，香蕉已八年不知其
味矣。

2月27日　星期三　陰、微雪

職務

自東北對蘇聯過分要求發生軒然大波後，軍事情形
又趨緊張，而在共產軍周圍環伺下，人心極度不安，中央
銀行至今尚未復業，本行最近承做多筆之偽鈔抵押放款，
何時可以將偽幣換成法幣收回本息，即感不能預料，近來
因政府開放外匯，取消官價掛牌，金價、物價不免遭受刺
激，而行內開支日增，營業收入反無增加之望，如此情形
真覺經營上之根本困難，言念及此，不禁徬徨無計也。

交際

中午，譚委員訏民請便飯，主要為宋志先兄洗塵，
作陪者尚有洪小東與李安民諸君。晚，交通銀行季經理獻
之請客，在座者皆本埠同業如上海、東萊、大陸及中國銀
行等，七時半散。

2 月 28 日　星期四　陰

職務

　　本行開幕以來，今日適滿三月，除存放息勉可相抵外，開支千餘萬尚無著落，同時頭寸多至十餘億無法運用，此亦環境所使然，時局所形成，初非人力所能補救，下月起當在青島方面注意開拓，惟物價日漲，開支已有膨脹之勢，而員工待遇漸覺無力贍家，自余本人言之，現在月入六萬餘元，尚不敷一人之所需，遑論散處各地之家庭，在此風雨欲來不戰不和名為復員實則危機日深之狀態下，來日大難，正不知何日是了也。同時就行內而言，董事會尚未成立，諸般問題無處可以商量，遇有責任較大之事即感無處可以共同負擔之苦，省府方面雖遇事並不干涉，然無中心主張，因應亦覺非易也。

交際

　　晚飯應張卓然兄戚屬賈子彬君之約在其布店吃飯，在座尚有李向華兄等七、八人。

體質

　　近來夜間三時必醒，其時精神振作，百感交集，往往兩小時內不能安眠，日間精神不濟，頗以為苦。

3月1日　星期五　晴

職務

　　下午，到財政廳出席民生銀行清理委員會第一次會議，決定分渝、濟兩方分頭清理，並派人赴渝抄出資產負債詳數並攜回有關契據等件。下午，同趙廳長、張會計長往訪中國銀行周經理壽民及新卸任經理王鳳山，一為拜會，二為洽談省令財廳會同該行與交通銀行與本行接收日本濟南銀行與朝鮮銀行事，中國行只允依規定接收正金銀行，不願接其他銀行，並謂交通銀行季經理獻之亦不願接，余即表示此事與本行距離較之中、交兩國家銀行尤遠，最好亦不參加，但省府方面因日人回國在即，不能再延候中央銀行之到來，此事勢在必行，因即電話約季經理來中國行洽談，渠因事須明日再談，遂無結果。余向周經理說明關於本行接收正金銀行之立場為收回民生銀行產業，周謂器具應歸該行接收，但本行需要可具借條，余謂民生行撤退時器具全在，現以不能劃分何者為正金何者為民生所有，民生器具帳在渝無從核對，故完全接收，周即謂可抄單比較，如有短少其抵算辦法可呈由中央解決云，談至此即未再談，旋即約四人同至五福臨便飯，飯後周、王二人並至余宿舍，談移時始去。在今日談話中王、周二人尚涉及有關問題凡數端，一為其城內辦事處曾由周自欽顧問接收（聞興農委員會接收），現在該行仍將在城內設處以便收兌偽鈔，希望趙廳長囑有關方面予以恢復上之便利，余聞此言，猛憶中國行兩月前曾函本行，索取所接興

農委員會扣取該行器具，本行未予置復，僅著人口頭通知該行謂係由興農委員會接收，無法可知係何方之物，今王當余之面向趙提出，或係明知故問歟？二為在集成里宿舍時表示其產權仍屬存在，蓋此房係淪陷期間售之魯興銀行者也，余謂此中曲折余全知之，諸事慢慢商量。以上各事該行均有其理由，但集成里之產權移轉，是否出於被迫，尚待詳查，在本行立場言之，縱使出於被迫，此房俱無為本行所有之可能，因魯興銀行之接收事理上恐尚係中央銀行之事，房產部分又屬於中央信託局之事，本行如欲佔用亦恐只有租賃之一法也，自此以後由余接收魯興銀行與正金銀行而發生之同業間糾葛勢將增加，但此事於法無法解決，僅恐人事運用上余與南方籍人士無此手段可以計較也。大體言之，此次本行接收各處房屋因有魯興與正金之兩處，尚可不至進退失據，尤其民生銀行房屋，係本為本省所有，早加佔用，自有優勢地位，縱將來民生銀行清理就緒，亦不至用此房屋也。物價高漲，勤務工食現為月支一萬元，不供伙食，今日商討改為加供伙食，但細數若干又不能事先預定耳。

3 月 2 日　星期六　晴

職務

上午，在中國銀行與該行周經理壽民及交通行季經理獻之商談接收日本正金、朝鮮、濟南三銀行問題，季經理先提出由財政廳及本三行組織一臨時委員會混合分別接

收，均表贊同，但談及各該行均已被其他機關佔用，尤其
軍隊方面，非理性所能解決，此事本為中央銀行之事，設
該行到濟無行址可用，而此次接收有名無實，難免有所怨
言，費力不討好，又何必多此一舉，僉認為第一步仍請黨
政接收委員會電催中央銀行前來辦理，一面飭日人守候，
如該會不允此請，再組委員會辦理之，此點係余所提出經
全體同意者，蓋在本行立場最好不參加此事，因徒多轉
折，無裨實際也。

記屑

　　昨日更換廚役，係譚委員訏民所介紹，乃晨間來到
後未晤面即不復見，中午洪小東兄來談及係為舊廚役所
拒，一去不返，余乃以電話向譚太太道歉，並請囑其再
來。晚間在志先兄處又遇譚兄夫婦，道及此節經過，並於
歸寓時嚴飭舊廚離去，此等瑣事糾纏，令人不快之極。

3月3日　星期日　晴

師友

　　晨，林建五兄來電話約請洗澡，余以昨日方始沐
浴，當即謝卻，旋張景文兄來訪，謂亦係應約之一人，乃
復決定同往，途中遇有臨時參議會，訪裴鳴宇議長，據談
此次開大會時將提案恢復民生銀行，改為完全商辦，並希
望一面清理，一面即籌畫重新集股復業，託余代為擬具提
案，余允俟與該會經濟部分召集人李書忱參議員商討後決
定。辭出後即同至銘新池訪林建五兄，並遇牟尚齋兄，據

談德芳曾有信託其轉達省府留阜陽人員約同時來濟，余因
目前東北局勢緊張，山東軍力單薄，一旦外交破裂，此地
孤立無援，此刻非接眷之時，即託尚齋兄回信將此點說
明，囑其稍安勿躁云。談頃交通行季獻之兄亦至，乃相率
辭出，同至該行參加中午之宴會，並參觀該行三樓。
交際

　　中午，季獻之經理在交通行請客，到有丁基實廳
長、張景文會計長、周壽民經理、王慕堂副理、林建五、
周曉東兩局長及交行同人之周太太與女伶馬莉珠等，席間
談及青光劇院正向關係方面交涉續演京戲，但據馬伶談除
此問題外尚有後台向院方請求增加待遇事，緣馬伶個人係
按票價抽百分之十五，其他開支非屬其分內之事，故渠亦
無法解決云。飯後談戲有頃，在座者同至該行大門拍照，
吃水果時余並以僅有之香蕉二枚分食，辭出後同建五、獻
之二兄至建五家，移時馬伶又至，談天頃刻，照相未成，
約定六日晚飯。晚，同業公請中國銀行周經理壽民與交通
銀行王副理慕堂、蔣襄理、朱主任等，凡兩席，觥籌交錯
甚盛。

3月4日　星期一　晴
職務

　　上午，偕趙副總經理至交通銀行約同季經理獻之至
中國銀行為其復業道賀，稍談又至省參議會參加該會第二
屆大會開幕典禮，有裴議長、何主席、王司令官、胡院長

等致詞，至十一時攝影禮成。本行今日起擴展至新營業室
前民生銀行房屋內辦公，舊地仍為文書、稽核兩科辦公之
用，兩處本前後比鄰，因民生行屋後兩座樓房被軍隊佔
用，至不能由隔牆相通，內部聯繫須穿過大街，且今日電
話尚未修復，致深感種種不便。下午，正金銀行經、副理
安島與有吉來訪，對於此次接收種種合乎情理之事深表感
謝，並謂余實一Big Man，言下即約時吃飯相酹，余謝絕
之。安島在海外服務正金七十餘處，英語甚為流暢，發音
亦甚清楚。中國銀行開幕，送存現金三億元。

師友

　　晚，偽中國聯合準備銀行行員孫貽蘭女士來訪，據
談中央銀行濟南分行劉經理健夫業已於今日下午到達，並
率領行員十餘人及現鈔若干，渠極願改至該行服務，請明
日往與劉君晤面，提出此事，並面交崔唯吾先生在濟時所
具之信，該信將劉健夫誤為毅夫，經孫女士在余處挖補改
填，以免令人引起不快。晚，洪小東兄來電話，約明午至
其戰運局代表辦事處便飯。

3月5日　星期二　陰

職務

　　晨，到上海新邨訪中央銀行濟南分行經理劉健夫，
已外出拜客，遇其副理古質文，詳談此間近來金融情形及
收兌偽鈔等問題，據談因券料未能充分準備，似尚不能確
定何時開始收兌，古君與崔唯吾先生及孔士勸氏均甚稔，

余當將崔氏致劉經理函兩件，一為介紹余將來多生聯繫，二為介紹孫貽蘭女士至該行工作者，均交古君託其轉達，談頃其營業主任亦在座，甚為歡暢。下午，劉健夫經理來訪，不遇。訪貨物分局長張靜波，不遇，留片。訪省府駐青通訊處主任王毅民，因今晨已回青島，不遇。正金銀行經理安島毅晨間來訪，對余極表欽仰，因昨日邀約宴會謝絕，今日特改變方式，贈余牛奶匙一盒，凡六枚，上端均刻有名勝古蹟，如愛丁堡、牛津、劍橋等，頗為精緻，自稱係昔年旅英時之物，特贈余以為紀念，余見卻之不近人情，即照收。

師友

　　中午，到平津區公路接收專員辦事處，應洪岳兄之約吃午飯，在座尚有譚訏民夫婦及宋志先兄、李安民兄等，晚間又在譚宅便飯，下跳棋至十時始散。宋兄接收工作已告一段落，公路總局此間將不成立運輸處，而仍以前敵偽時附屬鐵路之公路處交其主持，此事宋兄殊感觸望焉。

3月6日　星期三　晴

職務

　　晨，到行時聞總務科報告云，偽魯興銀行常務董事張水淇謂接中央銀行口頭通知，今晨十時將來接收該行，余聞言甚為詫異，因余昨日晤及該行副理古質文，曾向其提及已接魯興行，而下午劉經理來行拜客時，由趙副總經

理接談，亦未提及此事，今突然自行向已交代之偽行通知接收，豈不表現步驟錯亂。經與趙副總經理商談，咸認為在該行未與本行接洽前，不往表示意見，同時著行內同人將前魯興銀行將民生銀行整改委員會後身興農委員會所辦農業銀行併入之經過詳加查考，以使充實資料，備與該行晤談。下午即到省府晤丁廳長基實及牟秘書長尚齋洽談此事。余認為本行接收魯興銀行係奉黨政接收委員會命令辦理，其根據則為套搭有民生銀行之曲折關係及濟南漢奸商人苗蘭亭之一半股份，省府不能坐視不顧，該偽行縱須處理，亦應根據偽聯準銀行與苗等各半出資之性質由雙方會同辦理，縱使應由中央行全接，亦應由黨政接收委員會辦理轉移公文，何仍獨行其是，二人均為然。牟兄並告謂日昨中央銀行往與朝鮮銀行行屋所駐之二十集團軍軍部交涉遷讓，亦不得要領，軍部今日甚至將所保留之櫃台拆除，今晨到省府商洽籌措木器，又引起省府方面之不快，足見此人辦事作風已露出不能與人融洽之性態云云。余歸後又據總務科報告謂中午中央行派人將本行現尚續用之魯興銀行大門貼以封條，該大門固早已改用本行字樣，為避免衝突及外界誤會，經在門首張掛本行營業室已移入前民生銀行房屋之字樣，但此事竟無異於抹殺本行情面，余即以電話向其質問，未能接通。繼又欲辦公函質問，適中國銀行經理兼財政部特派員周義民來訪商洽租用已為本行經租之城內中國銀行房屋事，余允極力設法，並以中央行此項舉措相告，請其糾正，周兄亦認為無貼封條必要，且接收不

應如此魯莽，允即將此轉達中央行，且謂該行決定用朝鮮
銀行房屋，本行需用魯興銀行亦可照用云。
師友
　　下午，宓汝祥同學來訪，談係前日抵此，刻已在交
通銀行執行襄理職務，雖係初見，而一見如故。
交際
　　晚，應林建五兄之約在其寓址吃飯，到中行周經
理、交行季經理、王副理及女伶馬莉珠等，馬伶談正利用
不出台餘暇從事讀書寫字，並願拜余為師，請指教一切，
飯後清唱，參加者有徐局長家瑞及建五兄，馬伶凡唱寶蓮
燈、大英節烈、春秋配、貴妃醉酒、四郎探母、罵殿等六
段，其中大英節烈為反串小生之一段，高亢入雲，中氣極
足，並自謂唱戲不飲茶，煙酒無礙，十時散，途過中西旅
館送歸。

3月7日　星期四　陰

職務
　　上午，到交通銀行答訪宓汝祥兄，並再訪中央銀行
劉經理健夫，仍不遇，下午余不在行時渠又來訪，何相左
之多也。晚遇中國銀行周經理壽民，據談劉經理否認有在
本行舊大門黏貼封條之事，只承認內庫封條則有之，此蓋
等於自承錯誤，余亦未深問，後周兄談及朝鮮銀行房屋已
經廿集團軍總部允許遷讓央行，惟木器不足，今晨丁基實
廳長且據余昨日之意，詢劉經理可否在無屋可用時暫假魯

興銀行前本行所用櫃台營業，劉因朝鮮銀行已洽妥，且魯
興地方不大，表示毋須，但因木器不夠，故今日下午特到
行訪余商借魯興之一部分云，余已面允之，容明日再圖晤
談。正金銀行財產接收事，已經完全竣事，今日余在交接
清冊內逐一簽字，對方簽字人為該行經理安島毅，各冊內
之分列細數均由本行協助接收人員另外蓋章，估價欄由該
行聲明係片面意見。

交際

　　中午，應成大紗廠之約至林家橋該廠午飯並參觀，
在座者尚有上海銀行李經理渭川，飯後至廠內巡視，因時
間倉促，該廠技術方面情形未能逐一詢問，僅知其現有生
產力，大致開七、八千錠，日出紗六、七件，另有織布機
數十台云。晚在青年會應華慶麵粉廠之約吃飯，到者二十
餘人。

3月8日　星期五　雪

職務

　　上午，到借住本行後樓之第二綏靖區司令部第一處
訪吳處長，探詢該司令部之組織上情形。上午，到中國銀
行訪中央銀行劉經理健夫，渠首謂此次接收偽魯興銀行該
中央行人員有對於本行頗不好看之情形（指在本行改用後
之大門上貼封條），甚表歉意，余即將奉黨政接收委員會
明令接收該行之經過向其說明，認為絕不應任令該偽行張
水淇從中撥弄，該行應否由本行接收後處理係另一問題，

本行既已奉令接收，縱應交出，亦應透過正式手續云。劉
復向余商洽借用汽車，余謂已否修好，尚不可知，待詢明
後答覆。中央行因向廿集團軍總部洽接朝鮮銀行房屋事，
頗感焦急，因雙方發生若干誤會尚未釋然也，余允俟明日
晤夏總司令時詢其意向。下午舉行會報，因資金太多，決
定試做信用放款，明知流弊太大，亦無為之何。下午，出
席企業公司籌備會招待各業人士大會，未發言。
交際
　　晚，參加本埠同業公宴中央行劉經理、古副理、各
主任及交通行宓襄理，宴會於交通銀行，八時散。
師友
　　晚，訪姚智千夫人吳玉珍女士，吳女士係德芳同班
同學，談及彼此近年狀況，頗多感慨。晚，牟尚齋兄來電
話，謂李市長先良明晨同美軍師團長賀盛爾抵此，下午返
青，約余同往，余恐時間不及。

3月9日　星期六　雪
師友
　　上午，到第二十集團軍司令部訪夏楚中總司令，請
於今晚參加在濟同學之宴會，便中談及中央銀行房屋問
題，余詢其是否準備將現用之朝鮮銀行地址讓之該行，夏
氏謂尚不一定，此事似尚在未定之天云。晚，邀在濟同學
在寓便飯，到者有黨校夏大隊長楚中及宋志先、牟尚齋夫
婦、劉明順夫婦及宓汝祥、孫化鵬、史紹周諸兄，席間談

笑甚歡。

交際

上午，答訪八區專署秘書主任程韞山及專員張天佐，均不遇。下午，仁豐紗廠馬伯聲在寓請客，余早到稍坐即辭出，當時與馬君談及紗價甚高，大可擴充出產，如需資金，則無論用抵押或信用方式，均可照辦，現仁豐有紗錠一萬二千枚、織機一百四十台，每日出紗十二件、布一百四十疋，且能染深淺陰丹士林及紅納富妥等色布，無論出品規模，均較之成大、成通兩家佔顯著優勢云。

3月10日　星期日　晴

職務

晨，與趙副總經理商洽李市長先良兄電邀余赴青島一行之事，認為今日李兄可能到濟，回程飛機係屬專駛，既承電邀同行，機會難逢，即決定飭各科從速準備有關事項，如青島民生銀行房屋之收回與調撥頭寸至青行事，至下午即據先後報告準備齊全，但余下午與交通行季經理獻之談及該行與青島間之調撥方向問題，渠極願在濟用款，雙方對撥，余認為無所不可，惟不能支付手續費，刻尚未做最後決定。晨，訪商會李主席委員書忱，談本行開做信用透支，希望向商界宣傳並對於信用資料充分供給，又電燈公司與本行所做透支近有改向交通銀行商洽辦理之事，希望通知其公司之下層經手人員，不得做此打算，本行放款限度刻已放寬，其他條件亦絕不致高於其他銀行，李氏

對此事尚未聞知，但其本身立場極為堅定，即在渠負責之事，決僅與省銀行共往來云。

交際

上午，訪交通銀行季經理獻之，因昨日曾相約同出也。

3月11日　星期一　晴

師友

洪小東兄下午來訪，談及宋志先兄最近交通部公路總局無新任務賦與，將暫就津浦區鐵路局公路處長之職，但係暫局，小東兄本隨宋兄而來，至此頗感左右為難，余意仍應尊重宋兄之意見，因渠現在處境良苦，不宜再受刺激也，如將來宋兄不需其幫忙時，請來銀行或企業公司辦事，亦無不可，旋留便飯。晚，姚智千兄及夫人吳玉珍女士來答訪，長談淪陷期中之種種苦痛及社會上之形形色色，吳女士談鋒甚健，常識亦甚豐富，為德芳之同班同學，故甚關心德芳近年之狀況，余為約略提及數年來顛沛流離之概況，彼此均多感喟，而東北風雨欲來，魯省局面凶多吉少，正不知今後又將如何也。

3月12日　星期二　晴

師友

晨，接張卓然兄來電話，謂李仙洲氏由徐州來濟，刻在銘新池洗澡，余聞之甚興奮，立赴該池會面，李氏此

來係就第二綏靖區副司令官之職，據談隨來者不過數人
云。晚，應譚訏民兄之約在其寓所便飯，係志先、小東等
前日捉曹操為戲時共集資二萬餘元，且為志先新用廚役試
工云。

職務

　　晨，到交通、大陸、東萊等銀行及恆豐泰銀號接洽
籌集山東民生企業股份有限公司之股份事宜，皆從各行同
人本身立場予以接洽，至各行本身投資，因此間皆係分支
機構之關係，自難洽辦，惟交通行季經理謂如需要該行及
中國或中央行投資亦可來公函商洽，渠當與總行電商，或
多或少，或希望參加或不希望，均望公司方面先有一種準
備，余允與公司方面商量之。談竟本擬再赴中央、中國兩
家，因有此兩連帶問題，故即未往，僅將公司章程草案及
認股書等件備函送往，請其廣為介紹。東萊因今日未晤其
經理，上海行因以前曾往該行拜會，故亦僅用信送往，交
通、大陸與恆豐泰則係面交。下午，財廳趙廳長偕參議會
參議員三人來行接洽調查官廳存款，余勉從其請，但未獲
何資料，謂係據報有某公務員以十三億開私人戶名存行生
息，余謂本行未收此存款，其他各行則不知之云。各參議
員去後，余向趙廳長表示此項方式殊不可再，因銀行對客
戶須守秘密，如外間有知本行為參議會所調查，豈不將相
率裹足乎，趙氏云即與各參議員說明，對今日之事嚴守祕
密云。至余今日所以允其請者，因趙氏為未來之董事長，
而未來之監察人即將由參議會產生也。中報社何冰如來

電話詢外間對於物價高漲之烈，認為係本行放款太鉅達三十億之數所致，余謂放款若干雖不便發表，但絕未達到此數之五十分之一，何詢其他各行如何，余謂濟南銀錢業全部放款總額，余信其決不能達到此數也云云。近來此種捕風捉影之談太多，無常識者輒受蒙蔽，余囑何君對於此種事慎重辨別。

3月13日　星期三　陰
職務

正金銀行經理安島毅又來訪談，謂中國銀行經理曾據報渠有黃金若干未交，渠不承認其事，故能否於預定期限回國，不敢預料云。本行移至正金行屋後，因天氣已暖，故未用爐火，此房裝有水汀，連日忽又轉寒，乃飭令使用，無如火力不足，樓上不能達到，故臨時用炭盆補救。今日電話交換室內兩女職員竟因炭氣太重，先後中毒，經延醫注射強心針後始漸甦醒，險未致命。

師友

上午，韓兆岐同學來訪，並經事先約定今午便飯，韓兄談及此次來魯係向政校請假，目前不必留濟工作云云。下午，李安民君來訪，談所存偽聯銀鈔券今日取來，余囑點交出納，備後代為兌換。

交際

晚，省黨部主任委員龐鏡塘（由其夫人楊寶琳女士及書記長楊鵬飛代）及參議會裴議長鳴宇宴客，首座為二

綏靖區副司令官李仙洲氏與教育廳李廳長泰華，凡兩席，
皆各機關首長。

3月14日　星期四　晴
師友

上午，孫貽蘭女士來訪，謂中央銀行傳出消息，該
行劉經理對於就地由聯合準備銀行內留用人員事已有決
定，渠已在內，明日可以發表，但職務聞為打字，詢余可
否請其變更，余意只能待發表後再行體察情形辦理，此刻
不必多事，至於發表後應自行要求或由余從旁關說，至時
再行酌定云。下午，中國銀行周經理壽民偕新任中國農民
銀行濟分行經理吳敬生前來拜客。

職務

晨，將發表俞紫東為跑街，商之副總經理趙翔林，
渠堅決不去添人，乃無結果，又研討營業科長韓仲鑒到濟
前先赴皖、蘇兩省商訂通匯合約事，渠無甚意見。下午，
參加省參議會休會式，演說者甚多，有王司令官耀武代表
徐主任提及對共產軍不免有軍事行動云。

3月15日　星期五　晴
職務

晨，泰安屬八縣代表，前來募捐，余以行內盈餘不
多，限於預算，只捐三萬元。上午，中國農民銀行吳經理
敬生來訪，會同至緯五路口前周和裕銀號看視房屋，並至

本行所用前魯興銀行行址準備借與該行籌備時期用之房屋
看視，均認為不合應用，該行屬意於前濟南銀行行址，但
現在為直接稅局佔用，希望省府代該局覓屋遷讓，余下午
即將此意轉達建設廳丁廳長。晚間吳經理又來訪，謂將借
用魯興營業間，余允必要時可以暫用，但本行總務科仍需
此屋，不能久候，故該行仍將以濟南銀行行址為固定目標
云。午，應農行國庫股楚主任約至勝利大廈吃飯。下午到
企業公司出席籌備會，決定在創立前先經營貿易、印刷、
製藥等廠號，余被推為印刷廠籌備人員之一。下午，商會
主席委員李書忱來訪，談電燈公司繼續透支事，謂據公司
人員報告，交通銀行允憑財部手續借款利息一分二釐，如
憑財政廳則三分，余認為此說不合法理，絕對無稽，望能
前往詢明，本行與公司繼續來往，絕不令公司吃虧，但亦
能望公司方面配合本行需要。

師友

　　晚訪宋志先兄，並於歸途過李公藩兄處取來在北平
代購之官章與所購印泥。

3月16日　星期六　細雨

交際

　　上午，到后宰門街關帝廟為岳少輔科長之太夫人喪
事致弔奠，同時公祭其已故封翁，為況甚盛。

職務

　　上午，訪中國銀行周壽民經理不遇，訪中國農民銀

行經理吳敬生亦不遇，留片表示答訪，在中行與王鳳山襄
理閒談，據談彼與交通行所定存息雙方一致，為甲種三
釐、乙種四釐，較本行為低，放款則尚未承做，渠估計本
行放款約有三億，余告以無如此之多，歸後將此情告之營
業科以為參考。下午，中農行吳敬生經理來訪，除再託覓
房屋外，並約明晨同晉謁何主席。

師友

　　晨，洪小東兄應約來余寓洗澡，並閒談近來宋志先
兄有頹廢暴棄之慮，洪兄於立身處世多有體察獨到之處，
而對於社會人情、婦女氣質，亦多一語道破之論，真玲瓏
透剔人也。中午，以前崔唯吾先生託余轉向中央銀行劉健
夫經理介紹之孫貽蘭女士來談已接中央行通知飭取保到行
辦公，至為興奮，請余為之作保，余雖素昧平生，因有此
間接關係，亦即照辦。

心情

　　晚，於細雨濛濛中閉戶讀書，夜靜中思潮起伏，複
雜矛盾，無以自遣，誌之於此，以留鴻爪。余自到濟以
來，為建立良好開始，打定根基，乃一變以往孤芳自賞之
作風，惟求對社會之日益深入與對人緣之日趨緊密，故應
酬中不覺苦痛，而紛忙中亦有樂趣。至於交際範圍既擴，
活潑情緒日增，不免好動之習性日深，而靜坐自修之功夫
反日淺，惟所志既在補救半生之偏敝，有時念及亦初不為
惜也。由此自感生命有日漸年青之轉機，生趣盎然，心境
開擴，竟為數十年來之所無。

記屑

　　春節友贈東瀛產鮮花並蒂蓮兩盆，一盆已敗，一盆敗後另出一箭，兩花今亦全開，爭奇鬥豔，細審兩蒂之間尚有小蓓蕾，意態甚佳，而數日未見抽長，殆將委污泥以沒世歟！

3月17日　星期日　雨
交際

　　晨，同農民銀行吳經理至東關謁何主席，不遇。中午，到青年會參加棲霞同鄉會成立大會，由牟尚齋兄主席並報告，嗣一一作自我介紹，余未終席即偕牟兄至其寓所吃飯，到者皆黨政兩校同學，以外為夏楚中總司令與崔永和小姐及吳小姐等，飯後夏氏發起跳舞，余本無此經驗，甫學之步全不熟練，經夏氏一再催促，與崔小姐舞華爾滋一節。下午，看林建五兄之病。傍晚，到交通銀行訪季經理獻之，並留晚飯。

娛樂

　　晚，與中央銀行劉經理夫婦及交通銀行季經理同至城內勝利戲院觀劇，為馬莉珠等合唱之全本龍鳳閣，包括大保國嘆皇靈二進宮，馬伶唱工甚好，但有時不甚費力，諒因天雨座少之故，配角生、淨各一，亦均有可取之處，此劇唱工繁重，凡歷時一小時半，演來始終緊湊，可謂難得。

3月18日　星期一　晴

職務

上午，中央銀行濟分行復業，前往道喜，並送存三億元堆花，各行均有此舉，交通送五億元。下午，農民銀行吳經理來訪，為進行房屋事託余引導往訪高傳珠委員，惜未遇而返。

3月19日　星期二　晴

師友

上午，林毓祥、杜仁山兩兄來訪，談因開軍事會議，第八軍李軍長彌及第十二師趙師長保原均來參加，約余至機場迎接，旋民國日報社劉主任曉波來談，青島市李市長先良亦於今日來濟，乃於午飯後一同開車至機場，不料均已到市內安置，遂至勝利大廈訪晤李、趙二氏，又至省黨部訪李先良兄，約定今日下午同機飛青，余即回寓整理簡單之行李，全裝於一手提箱內。

飛行

下午三時半至飛機場乘美國何維德將軍之飛機與李先良兄等同飛青島，此機一路動搖頗甚，故到達時雖僅歷時一小時二十分，而感覺特別疲倦，下機後同李兄乘車至中山路本行青島分行籌備處休息，晚即宿於行內，因與陸嘉書兄談至夜分，故睡眠亦酣暢。

家事

晚，到陽信路吳藹吉叔處與父親晤面，相別十餘

年，不覺悲喜交集，父親今年五十八歲，鬍鬚全黑，僅髮有斑白，而多皺紋，已現蒼老之相耳，凡詳談家庭及親族情形三小時，深夜辭返。

3 月 20 日　星期三　晴
職務

晨，出發拜會各機關及同業，計到市政府訪李市長、姜秘書長（未遇）、工務局長（未遇）、主任秘書（未遇）、教育局長孟雲橋、財政局長孔福民（未遇）、地政局長林欽辰、中央銀行黃經理、中國銀行孔經理、交通銀行王經理、中國農民銀行戴經理、中央信託局沈經理、國華銀行許經理、上海銀行呂副理、大陸銀行蕭經理、金城銀行陳經理（不遇）、中國實業銀行盧經理（不遇）、市商會李代會長代芳，其中涉及職務接洽者為天津路前民生銀行房屋問題，林局長對於此事涉及仕紳應付，認為除法理而外尚須顧及事實與人情，李代會長謂只須目前佔用之跳舞廳可以遷讓，即可撥交本行使用，產權問題容後再行解決，此辦法比較單純，同時又知以前市府曾規定此區域不得設立舞場，故與林局長商定，由本行去一公函，請飭遷讓，此函即於晚間面交李市長批後交林局長辦稿，果能進行順利，乃余此行之最大收穫也，又此次對於同業聯繫方面，亦有重要性。

家事

下午，見父親，欲於回濟時迎眷於任所，稍盡子

職，當獲同意，但須準備行裝，因在青衣服係借用者，又
談及子弟如何由原籍來青就業上學等問題，亦略有眉目，
國破家亡之感，不能自勝。

師友

　　晨，呂涵生、逢化文兩兄來訪，約午飯於呂兄處，
至時尚有陸嘉書、徐希真兩兄在座。晚，李先良兄請吃
飯，全體校友廿餘人為陪，極歡暢，李太太豪於飲，余亦
放懷，歸後漸有醉意，亦因心情不佳所致。

3月21日　星期四　晴

職務

　　繼續拜訪各有關方面，計到儲匯局訪沈經理（不
遇）、東萊銀行訪徐經理、警察局訪孫局長（不遇）、港
務局訪張局長（又張副局長不遇）、救濟善後分署延署長
（不遇）、本省政府通訊處王主任毅民、葛副市長夫人劉
巨全女士、敵偽產業處理局程局長義法、鐵路局公路處青
島段叢段長芳山（不遇）、青年團分團部張書記曉古、經
濟部特派員楊公兆（不遇）、商會主席宋雨亭、柳文達
（不遇）、膠濟關稅務司兼財政金融特派員李相華（不
遇）。今日來答拜者有大陸銀行蕭經理文田、金城銀行陳
經理圖南、中國農民銀行戴翹霖、郭鎮渠、東萊銀行徐經
理克昌、國華銀行許經理嘯桐、中國實業銀行盧經理映
齋、工鑛銀行史逸民、公路段叢段長芳山、市教育局長孟
雲橋，余因終日未歸，故全未晤及。晚訪呂廣恩兄，談及

本行收回天津路行址事，雖已經李市長批定，但公文尚未辦出，希望余行前與有關方面再作具體處理云。

師友

到第一救濟工作隊訪蔣嚴菊兄，已將近卅年未晤，但蔣君未現衰老之象。到中山路訪二十年前余曾服務之煙台美豐公司趙經理智遠，並遇先志同學趙石枕，趙經理刻在青經營汽車運輸業，對現狀之紛亂，深致憤懣。晚，應逄化文同學之約至其寓所吃飯，到者有李先良兄夫婦及呂廣恩、徐希珍、林欽辰、陸嘉書兄，飯後討論發展經濟事業，即以在座各人為非正式之主持人物，先從購買拍賣工廠做起，繼之以運輸、貿易等業，資金方面余允儘可能全力協助，故呂兄提及請余放棄現職一節，余及其他諸人均認為時機未至。

3月22日　星期五　雨

職務

中央銀行青島分行託本行在濰縣收兌偽鈔，明日將款自行運往，余條諭青行備函通知濰處洽收。晚，與陸副理談業務急需積極開拓，尤以放款為最要，在四月以前全行須放出五億，始不感頭寸太多。今日李市長洽借市政建設費一億元，亦已照數允借。上午，商會委員柳文廷及宋雨亭之少君代表其父前來答訪。下午同陸副理持先良兄夫婦信至空軍第十四地勤中隊訪陳隊長定中，預定後日便機赴濟。

師友

中午，前煙台美豐經理趙智遠請吃飯，在座有王伯平、關文晉等，皆廿年前美豐之人，極歡暢而感喟。

交際

中午，王毅民主任請客。晚，孟雲橋局長請客。晚，請有關機關人員吃飯，計到李市長、李稅務司、張港務局長、商會李、柳二委員、林地局長、呂主任秘書等，報告房屋已承協助可以收回，表示感謝，但盼速辦。

3月23日　星期六　晴

師友

上午，訪財政局主任秘書趙振中同學，不遇。訪叢段長芳山，詳談關於洪小東兄將來之問題，渠力主到本行服務。訪史逸民君，渠正服務於青島市銀行籌備處，在辦理結束中。下午，訪蔣嚴菊兄於其寓所，閒談暌違情形。參議員張曦如來訪，閒談。牟平縣長于振海兄來訪。

職務

山左銀行籌備處副總經理等前來答訪。父親談畢鴻遇君曾對之攻擊陸副經理嘉書甚烈，余知係人事是非，不為置意，青行因人事不和，恐業務開展有礙，故甚待張經理之到也。

交際

中午赴商會主席李代芳之宴。晚，赴中國銀行孔經理與楊副理之宴，又赴中國農民銀行戴經理與兩副理之

宴。中午，中國農民銀行戴經理來訪，談本省普通農貸三
萬萬事。

3月24日　星期日　陰

職務

　　等候飛機，聯絡第十四地勤陳中隊長，終日無著，
叢芳山兄與其副官聯絡亦無確訊，故今日不能成行。下午
訪李先良兄夫人探詢，據談今日有空飛機赴濟，竟失機
會。晚，與陸副理、畢主任談業務，望今後勿因手續問
題，發生隔閡摩擦，其中最重要癥結為放款一千萬元無抵
押品進倉一節，希望今後手續均照總行規定辦理，現有標
準，庶乎可上軌道也。

家事

　　于鴻策與藹吉、蕙吉兩叔陪父親到行，當於中午請
至飯館便飯，表示酌謝照應之意。

師友

　　逢化文、呂涵生兩兄來訪，係送行，逢兄並贈海魚
三尾，但余未能成行。郭叔濡兄來訪，已十數年不見矣。
訪于振海縣長，答拜之意。訪救濟分署劉光普秘書，閒
談。蔣嚴菊、王秋圃來訪不遇，晚間蔣兄宴客於芝罘村，
吃全海味席，有把鮹、蠣子、對蝦、比目魚，均八年來所
未嘗也。

3月25日　星期一　陰

職務

晨，無軌電車公司籌備處尹致中來訪，談港滬之行經過，山東企業公司事渠不甚以為目前可能。下午，同陸副理至飛機場訪陳中隊長定川，據稱奉濟南九地區令限制搭乘飛機，以免有誤軍運，已電請為余事特別通融，余歸後即電呈何主席請轉洽該地區郭司令予以核准。中央行黃副理來答訪。

交際

中午，尹致中、于希禹請客，席間多半為金融界中人，據談上海物價與職工待遇循環推進，險象環生。

師友

上午至處理局水產組訪宋玉亭、李俊傑，又有先志同學王雲閣，下午李兄答訪。訪韓質生不遇。

娛樂

晚，到新新觀董玉珍第一日在青露演全本玉堂春，嫖院起團圓止，三小時半，唱頗佳，做工略遜。

3月26日　星期二　微雨

職務

中午，青行文書主任畢鴻遇又向余攻擊副理陸嘉書，所涉及者皆行內瑣屑之事，余即告以青行股主任只渠一人，應在副理與行員之間善盡溝通之責，如遇行員對副理有何不滿之處，推波助瀾，甚至挾眾自固，二人兩敗俱

傷，自食其果，固無論矣，即余在總行亦將受局外人譏誚
責難，望二人深體斯旨，遇事應從效果上著眼，勿逞意氣
債事，縱不能忍讓到底，亦應等候張振玉經理到達，主持
有人，消患無形，在此期間如有風波叢生，當唯兩人是問
云。旋將此意告之陸君，切望洞悉大體，不可貽人笑柄。
又畢君談青行以同人名義價購平售啤酒，為陸君一人轉賣
自肥，詢其是否具有佐證，則又不能提出，余囑就事論
事，果有弊端，不妨檢舉，否則應居間化除隔閡，多謀直
接接觸，少聽口舌播弄，余向來不傳播是非，更切望彼等
勿在是非中作犧牲云。

交際

中午，先志同學李俊傑、王雲閣兩兄在順興樓宴
客，有處理局水產組新上市之鱒魚，甚鮮美適口。晚，處
理局宋專門委員玉亭請客，余稍坐即去。晚，交通銀行王
經理彝尊及兩副理請客，在該行三樓，作陪者有農行戴經
理及工鑛于希禹等，九時半始散。

師友

徐希珍同學來訪，未遇，承贈紅心牌香菸十五盒。
傍晚，于鴻策君與藹吉叔來訪，談其所經營業務情形。逄
化文兄來訪，談經濟事業幹部應有名稱，假定為魯青經濟
建設學社，設一實業部為具體經營之首腦部，再組織公司
辦理，將來買到工廠時，即多用銀行流動資金，本身資本
不求其多，無關係之人士不欲其參加，主持人咸以高成書
兄為最相宜云。

3月27日　星期三　雨

師友

　　晨，呂涵生、徐希珍兩兄來訪，談以特別方法購到小刀紙煙一百零八箱，欲以一百箱向本行押款，但煙在頤中廠內並未提取，須將押款做妥，始能兩交，現煙價看漲，此筆利益極大，將來與余按三股分之，余當即允許幫忙，但以正色相告，絕不拖泥帶水。傍晚陸副理告謂徐曾在同往看貨途中向本行行員謂此事與李先良市長及余有關，又贈行員李涵秋十萬元云，余以明日將回濟，特留字呂兄，但願徐無此言，但如果有此言乃至有送行員報酬之事，望即相告，當予嚴懲，以樹立良好風氣云。訪王冠英兄於市教育局，未遇。訪于海洲兄於錦州路七號，于兄正候膠濟鐵路核准復職中。

交際

　　午，叢芳山兄請吃飯於大眾西菜館。晚，儲匯局沈經理、彭副理請客，在座皆青市同業。

3月28日　星期四　晴

飛行

　　昨日余外出時空軍地勤第十四中隊陳隊長到行通知明晨有便機可搭，今晨乃乘汽車至滄口飛機場，陳隊長尚在青島未返，由高副隊長告可搭二六四號運輸機，至場時因彈藥載滿，未能搭乘，又改隨三〇八號，此號飛機於八時二十五分起飛，因天氣係逐漸放晴，故飛行較遲，且顛

簸較甚，而一路低空飛行，山川村落，歷歷在目，於沿途
所見大城為青州，此乃德芳之故里，亦為余舊游之地，城
郭壯麗，而生靈塗炭，感慨萬千。到濟時已十點，下機後
即以電話通知行內派車，久候不至，乃搭宋主任委員至機
場送張專員天佐回濰之回程汽車返寓，本行車已開出，殆
在機場外相左也，此為余生平之第五次飛行，只覺搖動較
甚，低空不寒，別無異感也。

職務

抵寓後趙副總經理與李、耿、高、譚等科長先後前
來報告行務，無何大事，因未到行辦公。

師友

晚，至警察局長林建五兄處訪問，見其病尚未完全
痊癒，但已無大礙，渠新置一電影機，有影片數捲，皆日
本小型家庭用，即在客廳放映，供其兒童觀覽，余亦觀
看，無甚意思。

3 月 29 日　星期五　晴

師友

晨，林毓祥兄來訪，約今晚在其寓所便飯，至時在
座者有新由西安來濟之孫典忱兄，新由青島來濟之王秋圃
兄，餘為牟尚齋兄夫婦、于子文兄及林兄未婚妻張秀貞小
姐，張小姐曾為余製枕衣一對，自謂不甚愜意，不與，將
重製，余不過意，堅懇，允明後日交到。到六馬路訪張卓
然兄，不遇。

3月30日　星期六　晴

師友

　　上午，傅瑞瑗兄來訪，渠由成都返魯省親，日內飛回，傅兄乃去年在蓉空軍參謀學校相識，諸承協助，為人熱情可感。上午，最近回濟任黨部委員之高注東兄及任十三區專員之孫典忱兄來訪，孫兄不日赴青島或轉即墨履新。上午，二十年前先志同學劉峻林兄來訪，談明日赴青島擔任聯合國救濟分署職務，便中與其以前任職之美孚行接洽復職。上午，市商會李主席委員書忱來訪，余與其談及關於廣泛經營信用透支事，將請商會轉發申請書等，以免營業人員萬一有拒絕情事。下午，李委員向華來訪，談及託余撥兌阜陽五萬元事，已允照辦。

交際

　　中午，請孫典忱、傅瑞瑗、高注東諸兄吃飯，到者尚有洪小東、邵洧青等兄，飯後小東兄談及近來宋志先兄之動態及鐵路局將廢置公路處事。晚，何主席仙槎在石泰岩宴客，到者皆本市銀行界中人，係聯歡之意，參加作陪者尚有張景文、牟尚齋、趙季勳兄等。

娛樂

　　晚，至省政府觀電影，係盟邦友人所演之歌舞五彩有聲片，美國電影之典型作品，以戀愛故事穿插歌舞場面，無甚趣味，其中並有舊金山中國人參加演出，可謂不倫不類。

3 月 31 日　星期日　晴

師友

　　上午，李公藩君來訪，談及麵粉廠因產權問題遲遲不決，原料復不能供給無缺，致未充分開工，殊為可惜。津浦區鐵路管理局總務處長李星可與秘書黃家瑞來訪，李君係新近到濟。

交際

　　上午十一時，交通行季經理獻之來訪，旋同至中西旅館偕同至館驛街大德通銀號赴中央行劉經理與中國行周經理之宴。至泰豐樓應軍糧籌購會王隱三、張川、趙季勳等之約吃飯，談各銀行墊款搶購軍糧事，余未發表意見，未終席各行經理即至上海銀行公宴農民行吳經理敬生。

4月1日　星期一　晴

職務

　　晨，交通銀行季獻之經理來訪，謂田糧處向該行商洽借款二千萬元，無適當方式，擬由該行出票本行承兌後交通行貼現，余允照辦，但該處須提供擔保，或逕向本行起借亦無不可，田糧處自交通行復業後存款全轉該行，余雅不願與之有此類通融也。安徽地方銀行行長張岳靈託付其濟南岳家一佰萬元，余與營業科商量，因同業之誼加以不久即將通匯，作為暫欠處理，同時此間希望向阜陽撥款者亦甚多，正可以託安徽地行暫時墊付，以待通匯後轉回。

師友

　　傍晚，馬伶莉珠以電話約余及季經理獻之、林局長建五參觀其今晚出演於綏靖區司令部堂會紅鬃烈馬，謂即送入場證云，余即約林、季二兄來寓所，移時送來，見乃演員所掛之綢條，殊覺滑稽，同時因司令部未約余等，亦不便前往，故決定中止。林毓祥兄持贈其未婚妻張秀貞女士縫贈枕衣一對。訪高注東、孫典忱兩兄，高兄將兼任新成立之黨政軍統一指揮部第一組組長，主管黨政，孫兄未遇。晚，張卓然兄來訪，談代先培兄運用款項情形，余囑結束。

生辰

　　今為余卅八歲初度，因恐友朋張揚，未與人言，中午自食麵條，自省修養、事功、得失，感喟良多。

4 月 2 日　星期二　晴

師友

上午，到空軍招待所訪傅瑞瑗兄，談及接眷問題，渠極願為余在空軍方面設法，大致係在徐州接洽搭乘空軍班機云。上午，李公藩兄來訪，談銀號準備辦理復業手續，但不立即確定日期，因業務難做云。下午，宋志先兄來訪，閒談將暫在鐵路局公路處不動。下午，傅瑞瑗、孫東生兩兄來訪，二人均由成都來濟，孫兄乃濟南有名之教育界中人。孫化鵬兄晚間來訪余與韓華珽兩兄，華珽兄似將先就民政廳社會科科長，惟尚未奉派令及南京母校來電云。

交際

晚，津浦區鐵路管理局局長陳舜畊、郵政管理局局長梅貽璠、電信局局長徐家瑞在梅公館聯合請客，到者皆本市各行經、副、襄理，凡兩席，飲酒極多，因該三局各有中層人員參加作陪而皆豪於飲者也。

4 月 3 日　星期三　晴

師友

上午，到空軍招待所送傅瑞瑗兄返成都，由招待所同乘車至飛機場，十時飛機由北平來濟降落，送其登機，下機時適遇省黨部主任委員龐鏡塘，由渝過平返濟，即同車至省黨部閒談陪都及北平政情，移時何主席亦至，咸認為共產黨對和平無何誠意，恐最後仍不免決裂云。

職務

　　江蘇省農民銀行通匯事已接該行覆函贊成，乃將修正之草約送該行徵求同意，該行通匯地點有十七處，本行只有三處。張會計長景文以電話徵求余在幹訓團會計訓練班擔任課程，余允任公庫制度一門，因此門適余有參考書，且切合實際，不若理論課程之難授也。

體質

　　咳嗽數月，晨起咯痰，迄今不癒。心臟有不甚健全之表徵，稍遇煩躁，即急速跳動。

4月4日　星期四　晴

師友

　　上午，到大華醫院訪華子修院長，談及其在商肆設分院事，認為時局不甚穩定，仍在躊躇不決之中，余亦同感，現在環境動盪無定，任何事業不能做較有計畫之打算，余一向做事無當前得過且過頹廢因循之習性，環境易人，可不懼哉。訪孫東生氏於城內朝山街，閒談時局。洪小東兄數日無消息，今晚始以電話接到，謂謝余存問，連日請假三日進城讀書寫字云，余頗能體會其不穩定環境與不穩定生活中之心境，接電話後頓作無名之悲涼，不能自遣。晚，中央銀行孫貽蘭女士來訪，承贈香菸器具一套，蓋答謝余協助其謀工作也，談頃吳子庸先生來訪，提及該商業學校畢業生實習事，余允一部分到本行實習大約為半月云，吳氏又談外間對本行收兌偽鈔大開後門，又有行員

在外收買自肥情事，望余注意，其所提及原因自係對其本人有關係事項未能十分迅捷處理，然本行應檢討處亦不容忽略焉。到津浦區鐵路局訪李處長與黃秘書，答拜。

交際

　　上午，牟尚齋兄之夫人來電話，派銷此次婦女會籌募遺族學校工廠茶會戲劇公演票券十五張，旋即派人送來將款取去。

4月5日　星期五　晴

職務

　　上午，條諭各科，本行收兌偽鈔應以門市為主，日來因有少數特殊情形之顧客至出納科兌換，致外間不無煩言，茲規定以後除陳准外不得變通辦理，各同仁尤不得受人之託向出納科有所要求云。下午，到企業公司籌備處開會，因股款尚未認足，恐十五日之創立會又須延期。在企業公司遇趙廳長季勳，據談參議會對於設民生銀行事始終主張，對以前民生銀行之清理亦極希望，並約其至下次駐會委員會報告，趙氏就詢於余應如何應付，余認為民生銀行之清理係政府事，設新銀行之能否核准乃法令問題，故願否是一事，能否則又一事也，最重要者為使參會方面明瞭目前政令，並瞭解省府對於民生銀行之清理責無旁貸，該行有其章程，不虞落空，固毋庸多事包攬也。

交際

　　晚，中央銀行劉經理銘善、古副理質文在大德通請

客，到者各行經、副、襄理，凡兩席，此為同業聚餐之第
一次，飯後討論私立儲才小學之經費問題，決定各行均
攤，各三十萬元，作為基金生息，但因各行皆係分支行，
故須俟請示後始能撥出。又此校乃屬金融界所辦，並希望
錢業參加云。

師友

　　晚，到公路總局平津區濟南代表辦事處訪洪小東
兄，渠在宋志先兄處任事，近來因平津區結束，鐵路局公
路處又動盪不定，故意態極消沉，但決為志先兄幫忙到
底，有始有終，余告以俟能自然離開時，可到本行任事
云。晚，訪張景文兄，略談即辭。晚，訪牟尚齋兄，適遇
王秋圃兄在座談天，余至樓下收聽廣播，並至牟太太處閒
談婦女會此次籌備游藝會派票之情形，移時並與牟兄談及
青島方面發展經濟事業之重要，目前乃空前之良機云。

4月6日　星期六　晴

職務

　　本行房屋倉庫等迄未保險，自青島太平分公司商訂
代理合約後，此間中國、平安及以前來行一度接洽之大南
等公司接踵而至，競爭甚烈，除中國外，其餘各公司皆允
接受與太平相等之優待條件。

娛樂

　　晚，參觀婦女會募集抗戰遺族學校工廠基金公演第
一日，戲目為袁金凱之挑滑車，孟麗蓉、朋菊庵之汾河

灣，馬莉珠等之孔雀東南飛，馬演此劇余曾觀過，今日重
演，甚為出力，本句唱詞極多，做工尤須細膩，演來始終
不懈，博得掌聲不少，又今日飾焦仲卿者為小生，與上次
不同。

4月7日　星期日　晴

游覽

　　晨，林建五兄率其三公子來，準備至郊外游覽，地
點決定為千佛山，並購辦食品以為野餐之用，即出發間，
劉明順兄夫婦來，乃亦加入，驅車出岱安門，此即一向至
千佛山之大道，至山腳換鞋登山，山上各殿在偽組織時期
曾經重修繕，粉刷如衙門之徒有其表，反損莊嚴，惟格局
仍與十數年前登臨時無異，猶憶第一次係與德芳偕游，彼
此約廿許人，充滿青春之活躍，今則名山猶昔，余二人均
已年近不惑，歲月催人，曾不少留也，游竟就山坡處野
餐，並攝影數幀，至下午一時始下山，歸途改循南郊之大
公路西行，經緯二路南端折北，至林兄處午點，飯後歸。

交際

　　下午，青年團支團部主任臧元駿書記龔舜衡在聯誼
社請客，到者皆各銀行中人，此外即參議會賈副議長與教
育廳李廳長，余詢李廳長關於華北音樂學院事，渠認為有
招搖之嫌。

攝影

　　下午，至雲泰照相館，拍一四寸照片，因近來向余

索照者頗多，且友人有願為余放大者也。

娛樂

晚，參觀婦女會募捐義務戲，為馬莉珠之拾玉鐲，王麗青之紅鬃烈馬，馬伶演拾玉鐲余為第二次看，小動作均甚熨貼，掌聲雷動，王伶唱工獨擅，行腔圓潤，亦不可多得者也。

4月8日　星期一　晴曇

交際

晚飯，中央、中國、中農三行聯合歡宴各機關首長，余被邀作陪，八時散。馬莉珠女士來電話，向余推銷十一日婦女會包廂票，余因樓上不能看清，未接受，但向其要明晚之票，伊允照辦。

娛樂

晚，觀婦女會義務戲，朋菊庵、孟麗蓉烏龍院平平，馬莉珠鳳還巢，全本費時兩小時，伊演此劇余係初看，唱做均極可取，尤以聞姊代嫁、被冒娶與聞穆郎逃走之三段表情為最細膩。

4月9日　星期二　晴

職務

下午，舉行會報，討論偽鈔押款事，因中央行函提異議，且已準備各種券類一概收換，故今後擴大營業勢不可能，況收換期間只餘三月，押款為期雖只一月，而到期

理好轉帳，亦須有相當時日，故至遲在一個月後即須根本
停止也，又討論省庫因支付書不及開出而墊列之款極多，
且已成一種經常之情形，不能不在帳上有處理辦法，以免
省庫結存及本行暫付款帳雙雙虛列，決定在公庫存款科目
內添一餘額相反之省庫待簽支付書款戶，其餘額逐日表現
於日報表備考欄，在日計表上則係由公庫存款科目內抵
除，如此無論科目總數，分戶細數，均與事實相符，決定
即日照辦。

娛樂

晚，觀婦女會義務戲，為馬莉珠之花田錯，做來極
細膩緊湊，凡一小時，至春蘭送鞋而止，未能演完，下接
次等角色之探母回令，余觀至過關，覺精神不濟，時十
時，返寓就寢。

4 月 10 日　星期三　晴

職務

晨，中央行劉經理來電話，謂兵站總監部又來商洽
購糧墊款事，定今午十二時在陳總監寶倉處吃飯，並商洽
一切，至時前往，到者有中、中、交、農四行及余，研
究結果先由總監部墊款，一面墊請四聯總處核准借款，
本行則因所存款多半為省府經費，省府已借墊兩億，實
無餘力，故未允任何負擔云，又今日田糧處長王隱三出
言不改故態，動欲以本地軍政長官名義勉強為之，引起
印象極劣。

師友

　　上午，林毓祥、王秋圃兩兄來訪，約其晚間觀劇，但林兄至時另坐包廂，所贈之票成廢物。中午，洪小東兄來訪，談及準備月底將鐵路局公路處職務擺脫，屆時希望能來本行服務。下午，張卓然兄來訪，代商號要求收偽鈔存款，允其以一部分至出納按時收換，未能大量照收。

娛樂

　　晚，觀劇，為馬莉珠之梅龍鎮，飾李鳳姐，做來甚好，惜配角為底包，相形太差，致受其拖累，表演未能到家，下為孟麗蓉得意緣帶下山，此係做工戲，演來無甚精彩，未終而返。

4月11日　星期四　晴

職務

　　近來青島分行人事摩擦最多，而對外人事應付最難，前余在青時父親曾囑余為兩人謀事，余轉託陸副理嘉書代為注意，陸君竟來信已支配行內服務，且毫無銀行經驗而派為助理員，殊有未合，經去函勉予派充練習生，此後不得先用後報，此事公私混雜，大背余之初衷與素志，為之不悅者久之。父親又欲購房，向行商洽以房屋作抵押借款應用，此與本行章程亦屬不符，陸君明知亦未請示，足見有情面難卻之困難，此等事皆令人不快也。下午，到省政府出席地方經費支配談商，原則因中央撥補縣市經費在目前佔多數之不能行使職權縣分無法轉發，故分區成立

督導團或辦事處統籌支配,其預算由會計處核定,分區由
民政廳核定,而經費發領由財政廳核定,收支由本行辦
理,現因國庫山東分庫成立,誠恐因手續刻板影響應急,
經余提出電請財部國庫屬簽發經費時儘量用直字支付書,
領到後轉存本行,支用時可較便利,又省府在本行存款,
今日已僅餘二千餘萬元,趙廳長詢余如何支應,余主速請
中央行允將在渝未用款承匯來濟,或由中、交兩行亦分匯
一部份,在未匯到以前,有日僑管理處所借省府款現聞業
已撥到催還應用云。第二綏靖區諜報機關兩次向本行查詢
日僑管理局所繳存本行款項情形,此事就業務應守祕密之
義務言之,本不應允其所請,但事實上又難以拒絕,故允
其自閱,本行不給任何抄件。

師友

　　上午,高注東兄來電話,謂廿年前老同學高蘭薰來
訪,余約定下午三時在行晤談。高兄又云,此次省黨部龐
主任委員在渝與陳果夫先生談黨營事業有銀行部門事,陳
氏對人選一節將余提出,謂可請余辭去省行云,余以為時
機未至。下午高蘭薰兄來訪,談及在原籍患肺結核數年,
近始痊癒,將在濟謀劃工作云。譚漢東兄談近日所兼第一
造紙廠受人告發謂賣出盤紙不合規定,其中有因黨派關係
涉及政府官員之事,環境如此,而鬥爭益烈,可為寒心。

交際

　　中午,十七區專員王豫民在勝利大廈宴客,到者以
銀行界居多,余因有客未入席即辭出。婦女會高女士有意

來訪，乃廿二年德芳在長清任教時曾在該縣任長途電話局局長者，余赴長清時曾一度晤面。

娛樂

晚，觀劇，馬展雲（莉珠父）羅成叫關，工力甚佳，馬莉珠大英節烈，花旦、青衣、小生、武生，皆無懈可擊。

4月12日　星期五　晴

職務

下午，出席企業公司籌備會，決定徇重慶籌備人之請，將創立會日期延展至六月十五日，又已收股款願運用者，即推人負責運用，不與整個股份牽混，至創立時本利概行折作股份。下午濟南正金銀行安島毅來訪，謂接收該行之中國銀行迫索其向本行條借之木器，該行因對本行有責任感覺左右為難，余表示本行不能放棄，因已對上具報，至該行應採態度，余不能表示。

交際

晚，中國銀行請客，在座皆各同業主管人，此係第一輪之聚餐，皆由輪流者以請客形式為之。

娛樂

晚，觀婦女會義務戲，馬莉珠春香鬧學，其崑腔戲余係初次觀賞，作來甚好，唱工稍遜。以下為孟麗蓉之紅樓二尤，此戲余初見，乃荀派新戲，主角先飾尤三姐，後飾尤二姐，刻畫一潑辣逞強之女子與另一懦弱無能之女

子，結果均未能善終，頗能發人深省，歷時二時半。

4 月 13 日　星期六　晴
交際

中午，濟市聞人柏俊生在信生學校請客，凡兩席，多半為銀行界中人。晚，褚道庵兄在亞美番菜館請客，在座有新任保安處長傅立平氏及十二軍王副軍長君培夫婦等廿餘人。

4 月 14 日　星期日　晴
職務

日昨與高注東兄有約，今日同赴東關淨居寺參加張專員子良追悼會，上午九時至省黨部訪高兄同往，主祭何主席，除普通程序外，尚有該寺和尚誦經，木魚佛號聲中念人生之無常，為之凄然不能自勝，張專員係殉國者，演說及聽眾多揮淚不能成聲，在寺識心湛和尚，學殖甚深。

師友

四時，余至譚訏民兄處同赴宋志先兄之宴約，宋處宴會有夏總司令與兩徐小姐等，未終席辭出赴林建五兄處應約晚飯，在座為傅立平軍長與孫典忱專員及趙廳長與牟尚齋兄等。

4月15日　星期一　晴

娛樂

晚，觀婦女會義務戲，為王麗青、朋菊庵之打漁殺家及馬莉珠之全部棒打薄情郎。

4月16日　星期二　晴、晚有陣雨

師友

晚，到尚齋兄寓訪葛主任委員挹純，不遇。南京黨校同學王敬軒今日兩度來訪，此人係由南京、青島輾轉來濟，曾在南京任偽官，且煙癮日深，故未予接見。晚，中農行吳經理敬生來訪閒談。

職務

本行開幕以來，頭寸一向寬裕，其原因為放款太難，數日來因鐵路局透支超過兩億，同時省府存款用罄，其他存戶無甚增加，頭寸忽覺緊張，收益方面以目前餘額計算頗有可觀，但因數月來放款太少，月有虧蝕，故計至六月底止仍差一千餘萬，除設法增加此間存款、放款外，現在青行尚輒多一億至二億之數，經通知從速貸放，準備萬一此間結成純損時，可資挹注。又從實際情形言之，本行本期因接收魯興銀行用品甚多，節省開支約數千萬，在如此情況中補益極大也。

4 月 17 日　星期三　晴、有陣雨
師友

　　大陸銀行朱副理來訪，特贈為余所批八字，所用方法為飛星，中多溢美，但有若干頗合，此是上星期五聚餐時偶然談起，當即開送者。下午余以昨夜入睡太遲，午睡二小時。

4 月 18 日　星期四　晴
命相

　　大陸銀行朱副理所批八字謂四十四歲劫財，洪小東兄看相謂結果必同，命相一理，殊不可能也。
職務

　　上午，訪張委員鴻漸、吳副司令斌、李大隊長漢傑，均不遇。訪敵偽產業處理局濟南辦事處趙主任及經濟部專門委員俞覺先，探詢接收處理與銀行有關事項，並為一種形式上之拜會。

4 月 19 日　星期五　晴
師友

　　季獻之兄回濟，陸嘉書兄託帶購來用物。
交際

　　晚，交通銀行作東邀銀行同業聚餐，凡兩席，季經理適於今日由青返濟，出而招待。

4月20日　星期六　晴

職務

下午，到財政廳參加該廳所召集之財政部所屬機關會報，此為該廳奉到部令後之第一次，參加者有中、中、交、農四行與直接稅局、貨物稅局及鹽務管理局辦事處，討論事項以財政方面為多，金融方面為關於擴大與延長收換偽鈔及銀號要求復業與黃金停止買賣後之黃金出路等問題。

交際

下午，八銀行共同至公會堂致祭第二綏靖區賀執圭參謀長封翁之喪。中午，赴王秋圃校長之宴。晚赴平安保險公司之宴會於勝利大廈。晚，赴中央銀行劉經理健夫之宴。

4月21日　星期日　晴、下午大風昏暗

師友

中午，余至交通銀行姚智千兄家午飯，在姚寓飯後閒談至四時，並往訪林建五兄，閒談。政校同學湯人絜來訪，渠現任山東區直接稅局會計主任。

交際

晚，應錢業李祝亭、李省吾、劉菊圃之宴會。晚，參加于笑山兄與吳女士之訂婚宴於青年會。

4 月 22 日　星期一　晴

職務

　　總務科李科長琴軒來談本行趙副總經理本兼第一醬油廠廠長，曾租有本行經管前民生銀行在緯五路市房一所，現因交卸廠務，欲將前立租約按原期改用個人戶名，詢余意見，余按此屋係由興農委員會接收者，渠初到濟時省府係令其接收，渠始終以接收人自居，似乎與行無涉，而欲租房則又須余出面，又其本人既已承租前魯興銀行城內辦事處之屋，又加租此處，此人為自己私利打算甚周也。

師友

　　劉鏡洲同學來訪，由豫返濟，途行半載，職務未定。晚，李琴軒科長夫婦來訪。

4 月 23 日　星期二　晴

職務

　　連日申請往來透支者，無日無之，而電燈公司又復商洽擴充額度，棉花行設外倉押款者亦已開始用款，故頭寸方面煞費周章，今日商酌吸收存款之道，國家銀行例不容他行有欠，各銀號頭寸有限，浮存難望增加，各機關又在接濟未到經費困難之秋，唯一可籌措者即省府救恤基金保管委員會，因該會出售撥用物資數在八、九億，已用半數，其餘分存本行與中、交兩行也。下午訪該會李委員郁廷，希望由他行撥存本行二億，已荷允照辦，如此本

行放款即可保持五億以上之餘額，每月收益在二千萬至
二千五百萬之數，除開支外尚可盈餘千餘萬，期終結帳可
獲純益也。

4月24日　星期三　晴

職務

　　省幹訓團第八期本週普通訓練開始，余應聘仍擔任
經濟學一課程，教材仍用去年第七期所用節自趙蘭坪先生
著之經濟學，今日講授第一小時，因先採用筆記方式，寫
黑板較多，加以學員多至三百餘人，發聲吃力，故進行甚
緩，且全學程僅四小時，事實上亦無法可以授完云。

師友

　　晨，張卓然兄來訪，余偕同至光華鐘錶行購贈掛鐘
一架。上午，答訪劉鏡洲兄於金菊巷，但遍詢該巷住戶，
並無劉兄其人寄住，廢然而返。

4月25日　星期四　雨

職務

　　下午四時，建設廳丁廳長在中國銀行召集各行經理
談扶助電業公司事，到各行及經濟部代表俞物恆、敵偽產
業處理局趙俊秀，決定共貸二億，本行因已貸五千萬，故
如數併入，此外為中、中、交、農各三千三百萬，上海、
大陸、東萊各六百萬，推交通為代表行，利率月息四分，
期限三個月，由經濟部辦事處處理局及建設廳會同擔保，

以抵押透支方式辦理，欠額由代表行隨時分配各行。

師友

　　晚，訪洪小東兄於公路總局代表辦事處，談至深夜，並飲上等老黃酒，以花生蝦米為肴，甚快。

4 月 26 日　星期五　晴

師友

　　晨，訪張卓然兄，借來字畫五種，又詢其前日購贈掛鐘，據詢鐘錶行謂渠已付款，張兄謂並無其事，然則鐘錶行何以有此表示，亦云奇矣。李滌生兄來訪，談譚漢東兄日昨為造紙廠事省府令警察局將其拘押，謂買紙者皆達官貴人，欲求水落石出，恐不免轉送法院。

職務

　　下午，中央銀行劉經理健夫來談昨日所商聯合放款電業公司事，該行因未接總行獲准前不便付款，故在此候復期間內希望本行代為負擔，余已允其所請，即除本行所認二億內之百分之二十五外，另代該行認放百分之十六·五，此事日昨劉兄在會議席上未表示有何困難，後聞交通行季經理云係因該行內部意見未能一致，致渠發生困難云，此項放款之草約已由交通行將稿擬就送各行分別判行，明日即當謄清簽字付款，條文內容所訂頗稱周詳。

交際

　　晚，中國農民銀行東邀同業聚餐於上海銀行，酒會花樣極多，余飲三十餘杯，但無醉意，在座諸人酒後放浪

形骸者有季獻之、王鳳山等，亦沉悶局中之苦趣也，飯後至交行談至十時返。

4月27日　星期六　晴

職務

本行在濟放款已達四億，頭寸多缺本已軋抵相當，其中有津浦區鐵路管理局透支約定為三億，已用二億一千萬，忽於昨日全部還清，於是放款陡減一半，於此見放款大戶收付雖較便利，而以透支方式出之者，則極不易把握與準備，故放款分戶餘額宜低而戶數宜多之原則，縱無風險關係，技術上應爾也。

師友

上午，交通銀行宓襄理汝祥來訪，談母校同學會發動南京介壽堂募捐事及交行組織上大概情形。

交際

晚，在勝利大廈應寶豐麵粉公司之約吃飯，在座交通銀行佔十餘人，飯後並至李公藩君處閒談。

4月28日　星期日　晴

師友

交通銀行王慕堂副理來訪，同至緯十二路攤市購零星物件，下午並至曲水亭吃茶買舊書，同路並有中央行古副理與中國農民銀行吳經理。薄暮，訪劉廳長道元，閒談譚漢東案與韓華班兄將來事。訪趙廳長季勳，見客多，未

入留片而退。答訪劉鏡洲兄於金菊巷，不遇。晚，訪牟尚
齋兄閒談，歷三小時，夜分始返。

交際

午在中國銀行王鳳山襄理處午飯。晚，參加于笑山
兄之婚禮於中興飯莊，六時行禮入席，七時辭出。

4 月 29 日　星期一　晴

職務

放款業務逐漸擴展，尤以信用透支能切合商界之實
際需要，戶數分散，絕少危險，餘額日漸增加，次如銀號
紗廠亦多來商洽透支，亦有提供擔保品者，頭寸方面自
鐵路局還清鉅額後已感鬆裕，該局最近尚須用款，故存
款仍須設法吸進。聞田糧處軍糧價款已由中央銀行撥來
二十億，今日電話請財政廳趙廳長商該處撥存若干，晚間
遇糧食部孫稽核夢奎，據談因此次購糧得省府借墊鉅款，
現鈔得之本行，深為感激，故已決定撥存數億於本行云。

師友

晚，交通銀行季經理獻之來電話，約至該行閒談。

4 月 30 日　星期二　雨

職務

本行營業科長韓仲鑒由滬航空來濟，下午由余與趙
副總經理設宴洗塵，作陪者為各科科長與該科各股主任，
韓君談皖省政情，風氣敗壞，每況愈下，省府已準備隨時

改組交代云。下午何主席偕夫人來行視察，詢問收換偽鈔及行內存放款情形。八行合放電業公司款，今日簽訂。

5月1日　星期三　晴

職務

上午，到中央銀行為該行遷回原址道喜，布置尚稱雅潔，惟地址稍少耳。到幹訓團授經濟學第二小時，為濟財政之說明，因學員筆記能力甚低，故進度極緩，而學員發問更有匪夷所思者。又全班六百餘人，位次在後者頻謂不能聽清，但亦無法可想。下課後應教育長徐軼千之約至大明湖歷下亭游覽，並飲酒暢談，遙望湖山映照，一片暮春景色，信可樂也。

師友

晚，林建五兄來訪，寓余處之韓華珽兄亦在座，漫談社會工作，認為須扼要與持久。

5月2日　星期四　晴

職務

去年赴渝接洽行務由省府辦事處借用款項已陸續轉帳至財政廳，同時在本行成立以前余未支待遇，曾奉主席批支領維持費，亦尚未核定數額，此項旅費、維持費應由本行開辦費項下開支，決算期近，應早轉帳，故日來將帳目整理就緒，旅費開具清單，維持費比照去年三至九月中央規定補助辦法分別核算，又因此款係在本行成立前奉令出差支用者，故送牟尚齋兄代主席核批，攜回作帳。訪教育廳李廳長及保安處傅處長，均不遇。交通銀行前洽請開一特別存戶，提高利率，今日撥入一億，但撥入後該行又

有須三個月不動用否則照普通利率三釐之表示，如此尖
刻，反足使人本可存放三個月者亦因而不作此打算矣，該
行自以為得計，余未見其可也。

師友

洪小東兄來訪，談決定脫離公路總局來本行服務，
余將派為業務專員，但待遇不能與在公路方面相同，渠頗
有躊躇。華院長子修來訪，閒談。晚，張景文兄請吃飯，
為幹訓團授課事。

5月3日　星期五　晴

職務

會報討論運用頭寸問題，赴滬放款確有必要，決定
從速準備人選並統計可能撥出之頭寸，目前上海拆息高出
此間三倍，設能運用兩億，兩個月即可盈餘四千萬以上，
比之在濟費力不討好者，殊為不同。下午，出席企業公司
籌備會，討論籌設交易所問題，余亦被推為籌備人之一，
但此事揆諸其他地方財部未准恢復之情形以觀，恐核准之
可能性殊少也。中國農民銀行吳敬生經理來談，濟南銀行
房屋事直接稅局尚未移出，又發生綏靖區司令部有意佔
用之問題，夜長夢多，以至如此。晚，銀行聚餐輪由本
行召集，但因係頭輪，故仍以請客方式出之，計到各行
經、副、襄理連同本行共為廿四人，觥籌交錯，情形至
為熱鬧。

5月4日　星期六　晴

師友

洪小東兄來訪，余詢其本身職務問題，希望能早日決定來行服務，渠意容余與宋志先兄再作商洽。中午，請劉鏡洲兄吃飯，在座尚有湯人絜、牟尚齋、韓華珽三兄，劉兄不久赴京。

職務

條諭各科同人須於九時前到公，簽到簿按時送閱，下午五時前或事未完前不得離行。

演講

晚赴青年會主講此次學術講座，題目為「當前中國金融問題」，計分四段，一為金融在經濟中之地位，二為法幣制度之回顧，三為復員後金融諸問題，四為前途展望，講時僅備大綱，予以引伸發揮，歷一小時半始畢，聽眾注意力甚集中，惜二百餘人中水準太淺者過半耳。

5月5日　星期日　晴

職務

上午，到省黨部約同高注東兄至省政府參加五五紀念慶祝國民政府勝利還都南京及省會擴大紀念週，由省黨部龐主任委員主席，由日昨來濟視察之白副總長崇禧、顧主任祝同及本省王司令官耀武、何主席思源、裴議長鳴宇相繼演說，其中有涉及共黨問題處，全場為之激昂，十二時散。

師友

　　晨訪趙副總經理翔林，其夫人新近到濟。中午，到交通銀行吃飯，大半為該行人員，有姚君擅手相，為余看手，謂健康極佳，對事業極用心思，財富不聚，有兩妻兩子，又謂余兩耳紅潤有光，正在得意之時，在座無出余右者云。傍晚，農行吳經理敬生來訪，談其行屋事。

5月6日　星期一　雨

職務

　　因京滬利息高昂，青島居間，近來調款至滬者甚多，以致匯水提高，銀根漸緊，利率亦為之上漲，刻將放款利息分別改定，於收益不無小補，同時為發展青島匯兌，決定濰縣所多頭寸均調青島備解。前偽魯興銀行董事張水淇來談中央銀行索取本行接收該行暫付款項下物資清冊，已交庶務酌辦，又張續索此項物資價款以備應付開支，余諉謂待省府核示後再予答覆。

5月7日　星期二　晴

職務

　　本省省政府工作效率極低，而職員又多無行政經驗，復不諳法令，凡事以意為之，今日有二事與本行有關者，皆屬匪夷所思，一為旬前財廳忽以訓令一件交十區專員公署持憑繳送偽鈔若干，該廳向用公函，茲忽用令，殊屬荒唐，當交來人帶回，謂與行文慣例不符，且無憑此公

文之必要。今日該廳朱科長忽以電話詢總務科，謂此件業已劃行發出，希望仍照收云，余即飭科答覆，決不能收，此事乃近於無理取鬧，事理不明，以至於此。另一為半月餘始行補抄副本送行轉部之本行籌設計畫與章程草案，另附有董監名冊一份，余翻閱該冊，見董事為十二人，監察人為七人，既未註明如何產生，亦未寫明部方、省方之區別，其中董事之前六人為省府希望部分發表之參考人選，後六人乃省方應提名額，部方絕對不能予以改變者，監察人之前四人為參議會依法推選，亦為部方所不能改變，後三人為省府提出，希望部方參考者，今完全混列一起，直使財部如遇丈二和尚，無論往返查詢，或竟率意圈定，均將造成極不良之後果。晚間適趙廳長在行，即將此情向其說明，亦有同感，即由其本人將原件帶回改辦，尚未知其科內人員是否仍將文過飾非也。

5月8日　星期三　陰

職務

上午，到幹訓團上課，此為經濟學第三小時，今日未上正課，僅解答學員有關經濟之各問題。下午，到企業公司出席交易所討論會，余對於此事不甚熱烈，因就現在政府措施言之，恐核准可能性十不一二也。

交際

午，李滌生兄約在歷下亭小酌，在座皆幹訓團人。晚，郵管局梅局長、中航公司曹處長請客，凡兩席。

師友

徐家瑞局長由平返，曾託代刻牙章，渠至平復轉託友人，結果刻成石章，且配以錦匣，至精雅。

5月9日　星期四　陰

職務

總行放款已可保持四億以上之餘額，開支可以無虞，且有純益可獲，所有待發展者為匯兌，省內青、濰兩地雖有行處，省外如徐州、上海、蚌埠、六安等地，或因利息高昂，或因茶季已屆，調款前往者甚多，亟應溝通匯兌，今日知中國農民銀行吳經理明晨赴京，回程且須運款來濟，即漏夜趕辦致江蘇農民銀行之公函與合約，以便開做申徐匯款，並請中農行於回程用款之便，託其代為撥交，由濟交還云。

5月10日　星期五　陰、夜雨

職務

何主席與王司令官（賀執圭參謀長代）晚在本行宴請各銀行經理，討論調劑糧食問題，希望各行貸款糧商儲備三個月之民食，總價款需七十億，但此不過為一目標，實際為隨借、隨押、隨購、隨售、隨還，各行在原則上允予辦理，但為顧及頭寸問題，故仍希望當局向中央請求充足準備券料云。下午，舉行會報，因物價步漲，決定儲備物品辦理合作社。下午，出席企業公司籌備會，無何要案。

娛樂

晚，觀北洋賑災義務戲，至則馬莉珠龍鳳閣已近終場，九時半往，十時即散，演出尚佳。

5月11日　星期六　雨
職務

總務科李科長向余再度表示庶務事項渠不能控制，而同仁對庶務楊主任嘖有煩言之苦，余詢以有無可以調動之人，渠亦無適選而罷。晚，上海銀行柬邀聚餐，凡兩席，有提民國日報獻金事者，決緩議。

娛樂

晚，觀災賑義務戲，有王飛虹罵殿，平平，馬莉珠三娘教子，尚佳，票友戰太平，作派極特別，未終場而返，戲院秩序欠佳，余等座後為防守司令部人員，高談闊論，怪聲叫好，戲院及伶人贈送食品並派人至後台賞錢，烏煙瘴氣，均與該部所主持之娛樂場所整理委員會規定不符，亦怪事也。

5月12日　星期日　晴
師友

上午，余與林建五局長通電話，謂將往訪，並請備午飯，飯後余與林兄開留聲機為消遣，並率其三子同游大明湖。

游覽

下午，游大明湖，由鵲華橋登畫舫，經歷下亭、張公祠、北極廟、鐵公祠而仍回鵲華橋，凡三小時，雨後湖山如畫，空氣清新，游人如織，余若干年前曾游，但均在夏季，春日則此為初次，別有一番情趣，建五兄攜有獵槍，獲紅嘴小水鴨一隻，晚即下酒，極有意致。

娛樂

北洋戲院出演賑災義務戲大英節烈，晚與林建五兄夫婦及其幼子往觀，惜今日限於時間，僅演至刺殺石瑞龍為止。

5月13日　星期一　陰

交際

晚，約李副司令官仙洲、傅副司令立平、李大隊長漢傑、王高參用吾、張秘書欽泰、朱處長中心、王課長繩武、賈參議和甫、張科長卓然、林局長建五吃飯，未到者有武主任鴻軒，以上各人皆與李、傅二氏有舊，席間備極歡洽，因現在提倡節約，故菜餚減少，但質量較精。

師友

韓華班兄來濟兩月，已就省府職務，住於余之北樓小室，今日余不在寓時移去，並留物為贈，自稱多所叨擾，太客氣矣，聞役云係遷城內中東賓館，其太夫人似由故里來濟云。

職務

　　自各地物價步漲以來，業務上有數種現象應予注意，一為近來京滬一帶利率高昂，資金紛紛南調，因而造成本市銀根由極度鬆弛而漸現緊張，利率因之提高，放款且較為容易，現在各放款科目餘額為將近五億，利息月收最低亦有三千餘萬，除開支一千萬外，尚可盈餘二千萬，五、六兩月合共四千萬，除去彌補累積之數月來虧損外，尚可獲純益二千萬；二為立法院呈請國防最高委員會提高待遇，其標準為基本數廿萬元，加成數為一千倍，較之現有待遇又將提高五、六倍，果爾實現，則本行待遇亦須調整，如無其他開源之方，上述盈餘尚不足以挹注焉。

5 月 14 日　星期二　晴

職務

　　下午，龐鏡塘夫人楊寶琳女士因取遺族學校款來行，談及本省甚囂塵上之民生銀行復業問題，參議會與省黨部各有所見，各有立場，參議會各議員意見亦不完全一致，且皆昧於法令，徒然開會呼號，而皆不切實際，余意此事如作為黨營事業，由中央發動，較有實現可能，蓋如中央黨部能將此次政策之重要性授意於財政部，部方考慮此一問題，即另一看法也。財部為不抵觸不准設新銀行之宗旨，當可允許舊銀行之復業，又如不抵觸一省不能有兩家省銀行之規定，當亦可允許民生銀行之改為商業銀行，而實際由黨部主持之，凡此皆係變通辦理，非運用特殊力

量不為功也。

師友

　　晨，季經理獻之來行談及蔣經國有出任華北某市市長之準備，渠接蔣氏電話約擔任財政局長，就商于余應採如何態度，余意此事全看各人興趣，設志在做官，不妨一試，否則如求事業安定，加以本身處理財務已養成金融界之習慣不願做題外文章，即以回絕為是，因官場與事業界截然兩事，官場中事動盪不定，多種法令又多不近人情，然喪其所守，即寸步難行，在余深不感覺興趣也，季兄甚頷予言。宓汝祥兄來訪，余為其所介紹之朱本芬君推薦至直接稅局會計室，已經有成。

5月15日　星期三　晴

職務

　　上午，至幹訓團續授經濟學一小時，此為第四時，鐘點已完，尚不過授完緒論及生產論之開端而已。下午，到企業公司參加交易所小組會，將章程草案通過，候提明日公司籌備會討論決定。

交際

　　中午，幹訓團吳秘書主任培申、孫處長俊揚及杜處長仁山作東在歷下亭雅集，到者尚有徐教育長軼千與李科長滌生等。晚，宋志先兄為李公藩之尊人及譚訏民餞別赴青，約余作陪，八時散席。

娛樂

晚與宋志先兄及譚訐民夫人等至第一劇場觀義務
戲，為馬莉珠、李凌雲等之四五花洞，尚佳。

5月16日　星期四　晴
職務

上午，將所任幹訓團公庫制度一課程之講授大綱編
就，大體係採自中央銀行出版之「中國公庫制度」，因編
輯浩繁，無法編講義矣。下午，出席企業公司籌備會，討
論關於接辦敵偽工廠問題。

師友

下午，訪韓華斑兄於其新移之富東里吳寓，並拜謁
其太夫人。晚，訪洪小東於妙通里，閒談其所任公路總局
職務問題，因宋志先兄尚未移交，故陷於進退兩難之境，
殊為苦悶云。

體質

連日痔疾又發作，便後出血，但並無任何痛苦，與
前無異，數日來大解不暢而頻數。

5月17日　星期五　晴
交際

上午，中央行劉經理、中國行周經理及交通行季經
理聯袂來訪，談及中國實業銀行濟南分行經理已經到達，
將順路往訪，余雖尚無必要，但知三人來意，故亦同至勝

利大廈相訪，移時返。晚，大陸銀行借上海銀行宿舍宴請
各行經、副、襄理聚餐，八時散。中農行趙襄理國鴻來
訪，贈常州篦二隻。

師友

上午，因昨聞尚齋兄臥病，特往慰問，業已痊癒，
因即閒談省府局勢，咸認為省參議會之遇事掣肘，省黨部
之不能配合，固屬推行政令之大礙，但省府本身有欠健
全，亦為必須切實改善者。

5月18日　星期六　晴

職務

上午，趙廳長季勳來電話，謂何主席將赴京一行，
本行註冊有關之文件，將請帶往，余即赴財廳將其重擬之
咨文私函與劃分部省兩方之董監事名單等，會同點查後交
何主席隨從秘書李同錦帶京，逕送錢幣司沈科長長泰，並
將大概向主席陳明，又將詳細應交涉事項與同行之張會計
長景文說明，請其至京與胡善恆先生及沈長泰兄等接洽。
託劉鏡洲兄赴京為本行覓行屋。

娛樂

晚，約各行經、副理及眷屬共十一人至大華戲院觀
劇，齊蘭秋全部玉堂春，行頭甚新，唱做平凡。

5月19日 星期日 晴

職務

　　晨，到中央銀行會齊赴致敬洋灰公司監焚所收換之偽聯銀券，今日共擬焚燬一千一百箱，每箱百元券三百六十萬，每次焚二百箱，余監視至第一個二百箱完全擲入窯內，即偕季獻之兄提早退出。

師友

　　下午，林建五兄來電話約到其家晚飯。下午，李公藩兄來訪。

5月20日 星期一 晴

師友

　　昨與劉鏡洲兄約定為續備介紹函數件攜京便利接洽公務，晨起即至行內書寫，九時許劉兄與林建五兄同車而至，余即將信交劉兄，並同車赴機場送行，並與劉兄約定，今日到京以全體同學名義代電母校賀本日第十九週年校慶節。

5月21日 星期二 晴

職務

　　上午，至省幹訓團開始講授「公庫制度」一課程，今日共兩小時，採取教材為楊承厚編「中國公庫制度」，聽眾為第八期會計班學員七十人左右。下午，財政廳趙廳長在中央銀行約請各行經理談扶助糧商購儲民糧問題，各

行皆到，決定原則為以糧食抵押，由糧業公會出面，各會員負連帶責任，如糧食出售發生虧損，由省府負責，月息四分，總數十億，中國百分之廿二，交通、農民及本行各百分之廿，東萊、大陸、上海各百分之六，以中國行為代表行，糧商購糧限於外圍，上款由各行向中央行轉抵押。

交際

中午，約閻若珉、徐軼千、吳培申等在歷下亭小飲。晚，中國實業銀行李楠公經理宴各行經、副理。

看書

讀蘇青著小說「結婚十年」，係用自傳體，書寫一知識階級女子十年內之不圓滿婚姻，終於拋棄子女而賦仳離，其中「出籠的鳥」，刻畫母女之情，極為深刻動人，結尾一章亦極有手法。

5月22日　星期三　晴

職務

晨，訪鐵路局總務處李處長星可，因日昨渠來行未遇也，據談明日即須赴青一行，其陳局長亦將於月杪赴京一行，由南京領款若干，將代本行撥三億交江蘇農民銀行，此係上次在行談話時本行要求辦理者，因蘇、皖匯兌亟待開辦，恐匯出者多，匯進者少，故須先行撥存款項云。上午，到財政廳訪趙廳長，上週會報增加行員米貼事本應報董事長，以董會尚未成立，故徵求重要董事之意見，將來再行補報，當即表示首肯，余回行即行核定，並

將各科長、主任要求從速核定之公事上批謂「此項辦法已核定實施,望轉達全體同人勗勉從公發展業務,良以本行在艱苦環境中開創匪易,各項費用又賴自身挹注,必須收益日增,生活始有保障也」云,此蓋暗示本行待遇決不能與其他在濟僅係分支行之同業相提並論也。

5月23日　星期四　晴、夜有陣雨

職務

上午,到幹訓團續授公庫制度兩小時,學員聽講筆記能力太低,幾須逐字緩讀,且發音適有稍異者即不能了解,以寫黑板為補救,故進展甚遲。下午,到企業公司出席籌備會,五時散。

師友

晨,訪洪小東兄於妙通里,關於宋志先兄,決定設法乘此交通部改組之時,促成其赴京之行。

5月24日　星期五　晴

交際

晚,本市中央、中國、交通、農民、上海、大陸、東萊及本行聯合宴請中國實業李經理楠公,凡兩席,自共產軍揚言圍攻濟南,津、平、京、滬各報均以大字標題刊載,不知者竟或以為業已砲火連天,茲於飲酒作樂中咸有特殊感觸,家人朋友此時在外埠者恐皆極度馳念,余等實皆屹然如常也。

職務

下午，出席民生銀行清理委員會第二次會議，討論房屋清查收回議租等事，順便涉及參議會方面所發動之復業籌備委員會，刻正在財廳與該會商洽中，廳方對該會辦法正考慮中。

5 月 25 日　星期六　晴
職務

本行頭寸近來又覺緊缺，原因為省府大數存款漸漸用罄，而半月來放款又日漸增加，今日餘額達六億一千餘萬元，幾與存款總數相符，所以如此充分利用資金者，無非因數月以來收益甚少，開支日增，欲本年上期結盈，不得不在此最後兩月放款尚易之時為加倍之努力也，現鐵路局依約又需用款，數近三億，自昨日起即會同財廳設法將省府近由中央銀行以國庫手續撥到之款轉至本行一部分，今日轉到三億餘，但省府最近需要甚繁，亦無久存之理，故除緊縮放款外，尚須吸進存款始克有濟也。

5 月 26 日　星期日　晴
職務

春暮以來，此間匯出茶款至蘇、浙、閩、皖者極多，而蘇、皖兩省通匯事迄未實現，極為焦灼，鐵路局將由京調款來濟，已洽請留一部分交農民銀行備解匯款，今日有接洽匯南京款一千五百萬元者，韓科長就商於余，余

以為可以照收，但農行尚未簽約，遽託解款，恐有貽誤，商討結果決定仍託鐵路局陳局長至京代撥，免致誤事，且所收匯水亦可不必分半數與同業，收益方面甚有裨補。

師友

上午，洪小東夫婦來訪，留午飯，同時牟彩亭同鄉亦來訪，閒談。

5月27日　星期一　晴

職務

晨，訪鐵路局陳局長舜畊，詢其赴京日期，謂須星期五日以後，當託其到京除撥江蘇農民銀行三億元外，另撥安徽地方銀行一千五百萬元，此款係接受茶商之匯款，可得匯水千分之卅，並與陳局長言定彼可負責電其浦口辦事處撥交，以免延誤云。訪張卓然兄於中興商行，託以私人感情拉攏兵站總監部之存款，因此間握有存款最多者即該部也。下午，中國實業銀行李經理楠公來訪，約會同至省府訪各廳廳長，當即前往，與財趙、教李、建丁等廳長及秘牟會晤。

師友

上午，在中興行遇潘維芳兄，同至省黨部訪高注東兄不遇，傍晚高兄來訪，談本省政情與種種人事間之錯綜複雜矛盾關係甚詳，又洪小東兄亦來訪，係前約同往觀劇者。

娛樂

晚，到青光戲院觀劇。

5月28日　星期二　晴

職務

上午，到幹訓團續授公庫制度兩小時，天氣已入盛夏，講解殊為吃力，惟喉音似尚不十分困難。

師友

下午，高注東兄來訪，談及本行部派董事問題，希望當選，由余函果夫先生轉部推薦。

娛樂

晚，同洪小東夫婦至青光觀劇，為馬莉珠之十三妹，原訂全本，前面墊戲太多，片斷無緒，知馬伶誤場，結果只唱悅來店、能仁寺，馬伶本人尚稱穩練，其餘配角直無一可取，加以因夜間戒嚴關係，上座太少，一種冷落氣象，無論唱者、聽者均有窒息之感也。

5月29日　星期三　晴、晚雷雨

職務

總行放款近日趨於緊縮，但對於特殊方面之應付，以及已經訂約者之支用不能停止，故餘額仍係漸增，今日已近七億，與存款餘額相似，所恃為挹注者，調匯青、濰款稍多耳，溯自去年成立迄今，向在頭寸過度膨脹時期，故存款方面聽其自然發展，對各方面不甚聯絡，現在頭寸

日緊，深知吸收存款之時機已至，故數日來用於籌畫業務之心思以存款為最，例如星期六省庫款之向中央銀行轉來四億，今日田糧處將向兵站總監部所借款撥來一億，皆是，惜乎關於此等措施，僅可與營業科韓科長商洽辦理，其餘無可與言者，趙副總經理對全盤業務瞭解亦鮮，殊苦事也。

娛樂

劉曉波贈票五張，晚與徐軼千、杜仁山、吳培申、孫俊揚同至青光觀馬莉珠之辛安驛代洞房，唱做均極精彩，洞房一段小動作細膩之極，博得掌聲不少，今日上座較昨日為盛。

5 月 30 日　星期四　晴、傍晚大風雨降雹

職務

上午，到幹訓團續授公庫制度兩小時。下午，到企業公司出席籌備會，推定準備創立會事務人員。

5 月 31 日　星期五　晴

職務

放款餘額已達八億，幾乎超過存款，故業務上當前要著為吸集頭寸，江蘇、安徽兩省匯款早應開做，而因對方尚未將合約簽還，延擱迄今，今日商酌結果，認為茶季將過，而吸收匯款對頭寸關係亦大，為掌握上期收益及填補缺款，決定即行收匯，俟十數日後合約訂好，再以電匯

託解，此外存款方面，亦均分頭進行，今晨赴飛機場為財
政廳趙廳長送行赴南京，與之詳談此事，適兵站總監部田
處長亦在，即會同向其商洽撥存款項，又同機飛京有田糧
處王處長，渠不日將有十億運到，決儘量存入本行，放款
方面大戶為鐵路局，已用一億三千餘萬，經通知其暫緩，
並函請在京撥蘇、皖兩行三億元，本行即可以在此所收匯
款沖抵，而該局透支亦可撥還，如此調度，實屬兩利，同
業方面則中央轉貼現手續太繁，緩不濟急，而中、交兩行
復不能存放他行，今晚與交通行季經理商洽，渠允三、五
日內三、五千萬之通融，聯行方面青、濰兩行處尚不缺
款，但青行代理青島市庫一案，財部國庫署堅不許可，遲
早終須解約，則頭寸方面即將感受緊迫，總之半年來以有
限之頭寸肆應草創之局面，無國庫稅收可以運用，開支則
日漸增加，為不欲結盈虧紅字，種種布署實已煞費周章
矣，本月底已將數月來累積虧損補過，且可盈餘，六月底
可餘二千萬，實已盡最大努力也。

娛樂

晚，與張副處長之棨及李經理公藩同至青光觀戲，
有狀元譜、碧玉簪等，大軸為馬莉珠之貴妃醉酒，此戲余
曾觀一次，身段極佳，今日所演亦尚出力，昨、今兩日上
座情形較前已有起色。

交際

晚，同業輪流宴會由東萊銀行召集，在上海銀行舉
行，凡兩席，至此八家銀行已各輪一次矣。

6月1日 星期六 晴

職務

　　今日為行內頭寸最缺之日，昨晚與交通行季經理商洽請濟三、五日之緩急，承允在三、五天與三、五千萬之限度內套用該行款項，但為使該行帳目上不生困難，須避免取現，而以透過他行之方式為之，因該總行規定除中央行外不能存放他行，此種變通須迅速而自然也，今日乃趁鐵路局用款之便，囑該局先開本行支票三千萬，然後存之交通，繼開交通支票送還本行，本行以此支票存放第三行，交通不向本行循例軋帳，如此即透過他行而取得頭寸矣，三兩日後省府即可由中央銀行領到款項轉存本行，此緊張狀態當成過去，同時廣告收匯蘇、皖、青、濰等地匯款，亦可聚集若干頭寸，而放款只收不放，均可使此狀態有所改善也。上午，中國銀行召集同業開會，與市府社會局及糧業公會商討貸款儲備民食事，對前次所談原則又發生新的困難，一即中央銀行不能十足轉抵押，二即各行不能十足押放，三即在做押款以前糧商無款先用，要求先以信用方式墊二億。第一問題使本行與各商業銀行之墊頭發生頭寸上之困難，第二問題使糧商發生墊頭上之困難，第三問題使此事無法著手，最後有提及由本行向中央行以其他押品先做一批轉抵押作為周轉者，但短時期亦難辦到，故此事之實施大成問題云。

6月2日 星期日 晴

師友

上午，在牟尚齋兄寓舉行同學聚餐，並討論今年畢業同學來濟工作問題、介壽堂募捐辦法問題、會費徵收問題等。介壽堂募捐預期達到五百萬之數字，其中牟兄與宋志先兄共任二百萬，余與宓汝祥兄共任一百五十萬，湯人絜、史紹周各三十萬，高注東二十萬，韓兆岐與孫化鵬、劉明順、高蘭薰共二十萬元。晚，應約在林建五兄處吃飯，在座尚有高訒、馬莉珠兩女士及新到濟南任貨物稅局副局長之韓君與其夫人、女公子等，韓君亦棲霞人，據稱昔年甚知余，但未謀面云。

娛樂

晚，與林建五夫婦等觀青光戲院馬莉珠演「大英節烈」，此為第四次觀其出演此劇，因時間縮短，其中打武場面頗有縮減之處，但唱做均無懈可擊，反串小生一段，嗓音高亢入雲，博得掌聲如雷，座位亦滿。下午，同劉明順、孫化鵬、高蘭薰、高登海同至北洋觀戲，為拿高登、空城計與王麗青之春秋配，王伶甫演一場，余因飯局早退，王唱工甚好，不擅做戲。

6月3日 星期一 晴

職務

前日交通銀行以不軋帳方式存放本行頭寸四千餘萬，因今日頭寸仍缺，故該行主張在青島撥還，其數為

一億，彼此不算手續費，但青行須明日始能交到，照例為
同日對交，而本行今日需用一部分，故決定先用五千萬，
此五千萬貼給該行以每千元兩元之匯水。今日全日省府全
無收款，所存中央銀行之款謂預訂今日可轉來八千萬，但
並未辦到，反之所開支付書則已超過存款，門市應付深感
困難。前託張卓然兄設法攬收兵站總監部存款，今日復電
話謂該部限於規定，必須存放中央銀行云。

6月4日　星期二　晴
職務

今日為端午節，各同業均不放假，故亦照常營業。
晨，召集合作社社員大會，通過章程，選舉理監事，下午
舉行聯席會，討論業務進行並互推理事主席、監事主席與
經、副理、司庫等職員。上午，到幹訓團續授公庫制度二
小時，講收入程序。下午，駐濰縣第八軍李軍長彌來訪，
並介紹其一戚屬來行工作，傍晚答訪不遇。省府用款浩繁
而中央銀行手續上趕辦不及，不能轉撥來行，今日與牟尚
齋兄商洽先由省府向兵站總監部借五億，正進行中。
師友

韓世元副局長來訪不遇，傍晚余答訪亦外出。晚，
訪李向華兄於祥興里，閒談其鐵路與黨部近事。中午，牟
尚齋兄約至其寓所吃飯，在座多為同鄉，乃端節雅集也。

6月5日　星期三　晴

職務

青島分行接濟總行頭寸先後達兩、三億，現為避免運青現款，囑其多做上海、南京匯款，由京滬調回，可以博取匯水收益，至京滬之頭寸則係委託鐵路局代為撥兌，該局陳局長已赴京，預定到京即撥云。下午訪交通銀行季經理，渠對本行蘇、皖通匯甚注意，表示盼勿競爭。

娛樂

晚，同劉經理健夫、古副理質文同至青光觀馬莉珠演拾玉鐲、法門寺，由孟麗君飾劉媒婆，有相得益彰之妙，馬伶今日唱做均甚可取，余等因天熱，硃砂井未出場即返。

6月6日　星期四　晴

職務

緊張多時之頭寸問題，終因籌措得法，得以安然度過，而策動省府向兵站總監部借款，今日已經撥到，此在本行以前所欲給息吸收之存款亦竟無息取得矣，惟所調青島款仍須調還耳。

交際

晚，應李公藩兄約至其寓所吃飯，所請者有夏總司令楚中夫婦及宋志先兄等，余早返。

娛樂

晚，到省政府參加工程師節游藝會，有王麗青主演

之甘露寺，馬莉珠主演之梅龍鎮，均甚精彩，末為電影，
馬麗蒙特絲主演之「烽火狼煙」，故事甚簡短，且多斷殘
之處，不甚佳。

6月7日　星期五　晴

師友

上午，宓汝祥同學來，即一同出發至各銀行募集介
壽堂建築基金，各行共計捐到廿八萬，錢業方面承劉經
理健夫允為轉託辦理，商界方面則交營業科韓科長代為
募集。

交際

晚，同業聚餐輪由中央銀行召集，仍為兩席，因係
飯館叫菜，暑中均認為未妥云。

6月8日　星期六　晴

師友

李淑英女士最近生子，今日送紅糖、老雞、雞蛋、
掛麵四色往視。

職務

下午出席企業公司籌備會，決定因等候重慶方面人
員到達，延至廿五日左右開創立會。

6月9日　星期日　晴

師友

中午，應林建五兄之約至其寓所便飯，在座尚有劉幼亭、宋正軒二兄，飯後午睡一小時，同至中興商行籌備處訪張卓然兄，談約一小時又同至舊市街訪孫化鵬兄，不遇。

交際

晚，應大陸銀行曹、朱兩副理之請至曹寓吃飯，其主客為綏靖區參議何佩賢，菜甚豐。

記屑

黨校同學王敬軒曾任偽官，且夫婦均染不良嗜好，前兩度來濟過訪，均未接見，今日余在寓渠又忽至，談天有頃，果提出借錢要求，余堅決拒之，因自顧尚不暇云。

6月10日　星期一　晴

師友

上午，宓汝祥兄來訪，即同至仁豐紗廠訪馬經理伯聲，勸募中政校友介壽堂捐款，余等希望數為十萬，未經提出，馬君即自動承認此數，又因成通紗廠苗經理外出，馬君亦云向該廠及成大紗廠轉達希望一致行動，其熱心極可感也。中午，訪林鳴九兄不遇，與其夫人略談，並拜見其太夫人。晚，應洪小東兄約至其寓所便飯，並談宋志先兄此次赴京之前後經過情形。

娛樂

晚，應高級商職之邀參觀在北洋出演之募捐戲，多
為學生及票友，缺乏舞台經驗。

6月11日　星期二　晴
職務

上午，到省幹訓團續授公庫制度一小時，講支出之
程序，充分利用圖解以說明之。自昨日起，周圍局勢又趨
緊張，本市逮捕共產黨員甚多，戒嚴時間提前，惟各銀行
均尚沉著，實亦因在四面楚歌之中，非浮動所能濟事，且
亦不類抗戰中可以隨時撤退之往事也。
交際

晚，請省府委員林鳴九兄、區貨物稅局副局長韓世
元兄、商會主席李書忱兄及省黨部委員劉霜橋兄吃飯，
以謝松雪與林建五兩兄為陪，韓及二林之夫人亦同邀，
但未到。

6月12日　星期三　晴
師友

傍晚，牟尚齋兄來訪，謂適由綏靖區統一會報散會
後來，對於保衛濟南之糧食問題，均認為切要，而各銀行
貸款事遲遲不報命，群情極不相諒，最後由會指定牟兄代
出差赴京之趙季勳廳長再向各行接洽，牟兄故先來與余交
換意見，託余先與各行做初步接洽，謂需款軍糧、民食各

十億，擬以價值卅億之顏料作為抵押云。其時已七時，乃
留用飯。

6月13日　星期四　晴
職務

今日自晨八時至下午七時整整工作十一小時，然未
覺疲倦，上午至中央銀行約集中國、交通兩行經理商洽省
府購糧事，咸認為日昨牟尚齋兄所談以顏料作抵一節，事
屬可行，但仍與舊案啣接，即先以顏料押借二億，立交糧
商採購，然後以購到者照折扣抵押借款，同時由中央行請
示以九折做轉抵押，一切手續即交代表行之中國銀行著手
籌備。上午，到幹訓團授公庫制度一小時，本為兩小時，
因事遲到。中午，回行尚未用飯，恒豐泰銀號梁潤石來
訪，謂該號欠款昨日本行已結清，何以不許提取押品，余
即囑韓科長與之洽談，實未結清，其差額為本行曾通知該
號提高利率，該號又稱本行有人允不提高，故認為結清
云，但韓君認為並無此事，梁君要求折衷利率與先提押
品，余僅允先提一部份，故無結果。梁君辭出後又來兩職
員謂昨日櫃台洽妥照舊利率，余囑面往對質，果有此事，
其人自應負責。下午至企業公司開會時遇其董事長周心
齋，渠謂係本行人在恒豐泰面允不加利息，余謂當澈查，
周又站在銀號立場對於本行放款息高及韓君之氣焰太高表
示不滿，余謂本行放款看何對象，利率高下有別，商業放
款應高，至韓君縱有小疵，並無弊害矣。

6 月 14 日　星期五　晴

職務

連日時局緊張，周圍已被八路軍先後陷落，但市面不現慌張之象，因無路可走也，惟本行必要時須隨省府為進退，而相距甚遠，不能於緩急時互相呼應，頗為可慮，現在既須照常營業，故庫存須隨時保持，帳目逐日有動，餘額須逐日可考，故出納科準備輕便裝具，而會計科須於下午結帳後將各帳餘額抄清攜至身邊始得退值，此外別無可以準備之處。電燈公司到處搜羅煤斤，本行倉庫本存有接收魯興銀行之煤二百另二頓，庫內駐有兵站之兵與堆存彈藥，該兵即向綏靖區報告本行存有煤三百頓，於是令該公司借用，今日該公司前來接洽，余謂除留本行應用三十噸外，其餘可全借用，但兵站謊報必須辨明，現在存數經過九月之消耗最多百頓。

交際

晚，由中國銀行召集同業聚餐，菜極好，飯後並在庭園食冰淇淋，余食三客。

6 月 15 日　星期六　晴

職務

因時局緊張，防有瞬息變化，今日下午條諭各科明日例假均須指定人員分別上、下午到行值班，各科長及同人與值班人員須保持密切聯繫，以備處理臨時發生之事務；又採納主管科之意見，降低庫存數額，向各國家銀行

輪流送存庫存中之大數，次日開門向另一家取出，以防備一夜間有何意外。恒豐泰銀號欠息經數日交涉若干曲折後，今日來函允留下相當尾數之押品，其餘贖回。

作文

應民國日報之約為該報寫明日星期論文一篇，題目為「通貨、外匯、利率」，說明通貨增發，外匯率太高影響利息太高之原因，以財政平衡為唯一解救之道，二小時完稿，凡二千五百字。

6月16日　星期日　晴

師友

上午，余午飯將備，林建五兄來電話約便飯，即往，在座者尚有林鳴九、王崇五、李書忱諸兄。

6月17日　星期一　晴

職務

中午，在交通銀行便飯，在座者尚有中央行劉經理健夫、中國行周經理壽民與王襄理鳳山，彼此交換關於目前時事之意見，並連帶獲悉此地軍事機關之特別作風，例如空軍第九地區司令部發給機場出入證，本行請領公文不肯接受，但對中央行則自動通知其往領，防守司令部對其他各行夜間通行證有根據請求即發者，有從前未領換領時加發者，獨對於本行因第一次未領，此次換領仍不肯發，殊不知其有何標準也；又關於儲購民糧貸款事，上星期又

復急如星火，且另外提供擔保品，聞日昨軍事當局又向他
行表示，此事無關重要，而另以非常方式希望借款三十億
購儲軍糧，正向中央行交涉中，但中央行仍須請示總行，
類此情形，殊不一而足也。

師友

　　蔣仲芳君來訪，仍為謀事，余在會計方面有確實辦
法，而渠不能勝任，刻正設法進行善後救濟分署工作隊
事，余又託其注意有由青州來者設法祕密接濟刻在共產
軍區之岳家。

6 月 18 日　星期二　晴

職務

　　下午，婦女會主任委員楊寶琳及委員胡浥塵、郭良
玉等，為發動慰勞保衛濟南將士前來接洽捐款事，希望本
行以二百萬相號召，余答各銀行均應一致行動，容即與各
行商洽，楊女士謂無論如何希望余經手籌募二百萬，今
晚即先在廣播電台宣布云，余以此事不比尋常募捐，允
盡力為之。上午，到防守司令部訪吳斌副司令及黃人參
謀長，面取夜間戒嚴通行證。上午到省幹訓團續授公庫
制度兩小時，學員記錄能力極低，故進度太慢，勢不能
於兩個月授完。

6月19日 星期三 晴

職務

今日為婦女會及各團體發起慰勞保衛濟南將士募捐之第一日，除有汽車載擴音器宣傳並募集外，並分為六個募捐組出發街頭及沿門勸募，上午余方到行，即有第二組隊長崔永和、副組長馬莉珠兩女士及兩組員來行勸募，余即交由兩女行員代為分別就同人中募集，歷兩小時始畢，旋因余須到中央銀行，四人亦偕至，及見另有他組出動，亦即作罷。余在行與各行經理集議捐募事，決定八家共捐三百萬元，中央、中國、交通、農民及本行各四十萬元，上海銀行卅三萬四千元，大陸、東萊兩行各卅三萬三千元，均送余收轉，並發出新聞稿。同業息事，聞中、交、農與中央行間均為七釐，且將改為八釐，而對其他各行則為四釐，今日再三向各該行商洽，決定上期加為五釐，下期利率再行酌增。購糧貸款事，四聯總處對於以前所談七行合放十億事，已電各該行核准，另准十億由中、中、交、農四行搭放，由省府出面。中央銀行對於本行存放之款，謂將扣所得稅，言外之意為本行未知已否註冊，是否能適用同業存款不扣所得稅之規定，尚費解釋，後洽定須憑稅局證明，余已洽謝松雪、湯人絜兩兄來函為憑。

6月20日 星期四 晴

職務

本日為上期結息，照例對外休業，營業部門有忙至

午夜者，但與整個損益尚無十分關連，因放款息係計至月底，開支亦尚有十天也。上午，到幹訓團續授公庫制度兩小時。下午，出席企業公司籌備會，因京滬代表尚無到濟確期，故創立會尚不能定期。

師友

中午，訪大華醫院華子修院長閒談，並說明上星期六送存兩箱之事。晚，張景文兄來訪，係昨晚由京回濟，贈代刻牙章一顆，鐘鼎文，又談本行註冊事正趕辦中。

6 月 21 日　星期五　晴

交際

晚，同業聚餐輪至交通銀行召集，至時前往，所備菜餚，清淡豐盛，雖溽暑中不覺其膩，飯後佐以冰淇淋，余食四客，為向來所無，但亦不覺有異，又席間討論關於人民自衛訓練之參加事，決定推中國行與市政府接洽。

6 月 22 日　星期六　晴、夜雨

師友

馬莉珠女士持贈枕衣一對，余謝而收之。

6 月 23 日　星期日　晴

師友

上午，訪洪小東兄，談宋志先兄赴青轉京情形及公路總局濟南辦事處結束移交之困難。上午，訪張景文兄，

為其回濟後之答訪，承贈今年六安新瓜片及香煙等。上
午，訪牟尚齋兄，其夫人談近來省婦女會募捐情形，又承
贈青州出產黃絲透明帳料一件，質地尚佳。

交際

中午，至中興飯莊參加杜仁山處長之結婚典禮，由
牟尚齋兄證婚，其餘賓客凡廿餘人，因節約不鋪張也。晚
飯在林建五兄處共飲老酒，份量個個相稱，余不覺過量，
但歸後因今日兩餐飲酒，右眼即覺不適，後當節制也。

6月24日　星期一　晴

職務

今日各銀行聯合組織之自衛義勇大隊開始訓練，余
未前往，事後聞今晨各行曾相互討論，經公推中央行劉經
理為大隊長，余為副大隊長，共訓十天，並派有教官云。
恒豐泰銀號為提高利息事，反復無常，來公函不肯承認，
但其事本行均有確切之依據，故今日最後去函駁斥，對該
號公文有若干失檢之處亦提出質詢，希望不再多動文字，
即行來行償付欠款云。

師友

晚應張卓然兄約至中興商行便飯，菜係燻肉、燻
雞、燻蛋等，甚為別緻而可口。

6月25日 星期二 晴

職務

余自今日起逐日至操場參加各行軍訓，僅在旁隨時聯繫，並未參與操練。晚，各行經理合請軍訓教官李士楨君於上海銀行。上午，至省訓練團續授公庫制度二小時。下午，舉行行務會報，討論整潔屋宇加強效率與對外手續力求簡捷等事，希望切實改善。

師友

晚，高、馬兩女士來訪，談及婦女界亦在發動自衛訓練，其程序為先訓幹部。

6月26日 星期三 陰

職務

本行去年接收偽魯興銀行煤炭二百零二頓，因倉庫駐有兵站總監部人員，竟因素不融洽彼方意存洩憤，向綏靖區司令部謊報本行存煤三百頓，綏靖區即撥電燈公司應用，經與該公司說明，除去去年至現在已經消耗者外，實存不過百噸之譜，並洽定本行留用卅五頓半，其餘均借給該公司，正在洽運之中，不料今日又有鐵路局材料處持綏區公函來函稱，除去電燈公司撥用二百頓外，尚應再撥該處一百頓，當向來員說明經過，並赴綏區與其第四處說明，一面辦公電呈復，聲明因綏區所據報告不實而有延誤，本行不負責任，今日至綏區順便並拜會第二處處長陶富業不遇，三處處長錢伯英略談，四處處長吳迪基不遇，

與其參謀錢家榮詳談，副官處處長趙汝漢、課長胡學傑均
不遇，經理室主任張望伯略談。晚訪貨物稅局韓副局長世
元，因本行頭寸較緊，該濰縣分局匯來二千萬元請緩至下
期開業解付，並談本行促成代庫事，惟據韓兄云，局方傳
統思想者皆不願國庫太多，徒受束縛，但余意如此當不能
避免負擔匯水。

6月27日　星期四　陰

職務

　　上午，至省幹訓團續授公庫制度兩小時，已將支出
程序授完。分行處開支半年來迄無審核辦法，旬日前通知
稽核科會同其他科規定辦法，一再催促，仍無下文，今日
分別通知各科，務於決算前釐定完畢。日昨所記綏靖區司
令部撥用本行煤斤事，今日電燈公司來電話希望該公司儘
先應用，並謂已與綏靖區洽妥今日續運一天，但因運輸過
秤甚遲緩，故希望能協同處理，至本行所留之數目，可
先運存該公司，該公司負責接濟本行之應用，如此亦是
一法也。

6月28日　星期五　晴

交際

　　上午，湘災籌糧會在防守司令部召集各銀行經理，
商討推銷募捐戲券事，來函具名之夏楚中、賀執圭、徐慶
譽均未到，僅由黃人等代表，希望數為五百萬。中國行周

經理提每行十萬，余提每行廿萬，均無結果，將俟商洽後再答覆。中午，在省府參加各界公宴田樞機主教耕莘之宴會，為況甚盛。下午，在石泰岩參加中國農民銀行召集之聚餐。

6 月 29 日　星期六　晴
職務

今日辦理上期決算，因入夜戒嚴，故一般人員通宵不寐，余於十一時回寓。今日總行損益已計出，為純益五千一百餘萬，與實收資本相符，但如有充足之頭寸，當不只此數也，又有未計入開支內者如房屋租金或折舊，省府平售麵粉之類，接收改用印刷品亦佔大數，故實際盈餘尚低，亦時局所限也。

交際

晚，慰勞將士會在公會堂舉行雞尾酒會歡送並慰勞空軍，主客到者近百人，婦女會全體出任招待，餘興有各小學舞蹈唱歌，馬莉珠唱雙姣奇緣等，甚為精彩，至九時尚未終場即返。

6 月 30 日　星期日　晴、夜雨
職務

今日決算日因係星期日無收付，故大致已於昨晚辦妥，今日出納科繼續收兌偽聯銀券，因今日為截止之日，各銀行相約不停也，余上午到行時將昨晚事務續行料理清

楚，回寓午餐休息。

交際

　　傍晚，林建五太太約至其寓晚飯。

7 月 1 日　星期一　晴
師友

上午，到妙通里訪洪岳兄，閒談宋志先兄赴京後其所接收之平津區公路機構靜待移交之情形，而經費困難萬狀，人心渙散，尤有朝不保夕之感，洪君性情甚烈，對宋兄多所指摘。

交際

晚，與中央、中國、交通、中國農民五行合宴空軍官員，到者郭司令漢廷、羅參謀長中揚、趙站長振詢等人，尚有新任聯隊司令官徐煥昇及大隊長楊孤帆等未到，席間賓主歡洽，自郭氏以次，均將調任離濟，飯後五行商討夏季營業時間，決定為八時至一時。

7 月 2 日　星期二　晴
職務

上午，到省幹訓團續授公庫制度兩小時，今日講公庫保管之程序，為時間所限，多有刪略。

師友

傍晚，洪小東太太來電話，謂昨日洪兄因所帶手槍走火，腿部受傷洞穿，余亟往探視，見精神甚好，據謂彈由腿內兩骨間射出，而骨骼毫未波及，可謂不幸中之大幸，洪兄談及其數月來公事極不順心，與宋志先兄之間隙亦日漸不能彌合，今又遭此不測，可謂禍不單行，言下竟至落淚，不禁為之悽然。

7月3日　星期三　晴

職務

　　晨，銀行軍訓為第十日結業之期，六時即在中國銀行操場集合，七時總隊部派副總隊長唐孟鎣前來校閱並訓話，畢後全體攝影，各行經理與教官亦合影一幀以為紀念。下午舉行區分部黨員大會，改選執行委員，並宣誓就職。青、濰兩行處純益已電報到濟，青行近四千萬，濰處五百餘萬，故全行上期純益連總行為九千餘萬，在此環境下，已非易事，但因人事開支日增，照此盈餘分配尚不足三個月年終獎金之半，故尚有待於更大之努力也，下期營業因頭寸關係利息收益將減而通匯地方較多，手續費收入可增也。

師友

　　同鄉王錫麟訥生來訪，據談係吳湘亭氏之戚屬，託余向牟尚齋兄推薦工作。

7月4日　星期四　晴

職務

　　上午，因恒豐泰銀號為提高利率事曾向省府密報違章，乃持備好之簽呈至省府面呈，並解釋實際情形，主席未有不滿表示，閱後本批查案批示，余謂係未具名之密報不必置理，故又改批密存，余當順便報告上半年結算盈餘情形而退。繼與牟秘書長尚齋兄談該銀號事，牟兄云所接密報恐係該號暗示濟南市長張金銘所為，又對於周心齋之

為該號董事長表示其股本來源可疑。旋又談及彼此生活情
形，均因靠待遇生活，同感有捉襟見肘之慮。續至省幹訓
團授公庫制度兩小時。下午到企業公司出席籌備會議，因
局面好轉，月內當開創立會。

師友

　　李公藩兄來訪，談寶豐麵粉公司經營上之困難及宋
志先兄赴京情形等。

7月5日　星期五　晴

師友

　　上午，訪周局長曉東，詢關於環市公路工程處之結
束時期，其處址房東已與本行韓科長仲鑒訂約承租，希望
對該處王處長解釋一切，但周兄不在，傍晚來訪，謂結束
尚須約一個月，屆時當可不需用此屋云。上午，訪田賦糧
食管理處王處長隱三，不遇，與張副處長之棨略談。

交際

　　晚，由本行約集各同業聚餐，到十餘人，臨時留客
參加者有周曉東、張之棨兩兄。

職務

　　晨，函牟尚齋兄謂生活高昂，力不足以瞻家，余不
爭接收不謀兼職，行內亦決不許有分文額外收入，而趙副
總經理則兼職分心，行內鉅細余一人任之，兩人待遇只差
數千元，且余之待遇不能比一本市他行分支行經理，為之
寒心，望商陳主座核給特別津貼，由行開支云。

7月6日　星期六　晴、晚雨

職務

上午，至交通銀行會集各行經理同至防守司令部訪司令吳斌道賀。下午，出席中國合作事業協會山東省分會成立會並票選理事。牟尚齋兄來電話，謂綏靖區司令部因小券缺乏，主印小額流通券五億，詢余意見，余認為此事在法令上乃冒大不韙，在事實上技術條件所限亦不能迅速達成，主即打消原擬，目前中央銀行獨佔發行，交涉在滬印運，較為妥捷云。

師友

下午，田糧處王處長贈第四兵站總監部今日歡送空軍游藝會入場券一張，余往訪中央行劉經理，詢是否前往，渠亦係田糧處所贈，因兵站未送，故決定不往。訪中央行古副理，探望其病情。下午，訪姚智千夫人，並遇杜振英女士，二人皆與德芳同學，杜女士乃初晤。訪謝松雪兄於直接稅局濟南分局，遇韓世元兄亦在，即留晚飯，並暢談兩小時餘始返。

7月7日　星期日　晴

職務

上午，到省政府內忠烈堂參加七七抗戰殉國烈士追悼大會，演說者有王耀武、張道藩、龐鏡塘、何思源諸氏，何氏述撫卹遺族事，泣不成聲，在座亦皆聞之落淚，會場空氣極嚴肅。

師友

下午，李公藩兄來訪，談為德盛昶銀號復業事將赴京一行，託余寫信介紹財部友人，余即備函一件致沈長泰科長。下午，韓仲鑒兄及夫人來訪。下午，孫化鵬兄來訪，閒談後同訪牟尚齋兄，傍晚辭出又同訪李仙洲氏不遇，與朱中心兄略談，並遇傅立平夫人，據談在京未來前接趙百源兄信，託為德芳代覓機位，但此信係由京轉來濟南，故未能為力云。

7月8日　星期一　晴
交際

中午，到省政府參加各機關公宴張道藩先生，到者七、八十人，頗極一時之盛。下午三時，在濟中政校同學在本行樓上舉行茶會歡迎張道藩前教育長，席間張氏致詞對於以前主持學校行政時之觀感與對於學校教育之最大困難之點，與畢業同學聯繫上之缺陷均有極透徹之報告，各同學發言表示希望學校改善之點亦極坦白，歷一時半始散。晚，在本行舉行各同業公宴防守司令部吳司令斌，各行經理均到，八時散。

7月9日　星期二　晴
職務

上午，到省幹訓團續授公庫制度兩小時，係講解國庫統一處理各省收支暫行辦法，此課程本週內即可結束，

預定下次於講解完畢後即以一部分時間解答問題，下週以
兩小時之時間舉行簡單之試驗，以觀學員程度之高下。據
余兩月來之觀察，少數學員聽講筆記能力甚高，亦有澈底
領悟之興趣，多數則非寫黑板不能記錄，以是進度較緩，
只得將最後兩章關於公庫制度之改進研究等刪略矣。午飯
承徐教育長留食蒸餃，飯後返。

7月10日　星期三　晴

職務

上午，應第二綏靖區黨政統一指揮部之邀，舉行各
銀行談話會，商討共軍區收復後之金融問題，決定中央銀
行應多預備小券，各行俟地面秩序平定，推設行處，省府
則盡量令縣成立縣銀行合作金庫。余發言時提出共鈔失
效，為示政府注意，應將其所吸聚物資仍用之於民，欲救
濟當前之急，應請中央增加緊急農貸並健全合作社組織，
使貸款確實用於生產分子。

師友

下午，姚智千兄來訪，託函市府張市長對儲才小學
甄審未合格教員吳秀娟、龐時瑞兩人予以通融，當即備函
送往。傍晚，馬女士來電話，談及婦女會事，謂明日隨楊
寶琳主委至明水勞軍，言下對楊主委極頌揚。

7月11日　星期四　晴

職務

　　晨，到津浦區鐵路局訪李星可處長，閒談。上午，到省幹訓團續授公庫制度兩小時，已滿兩月，今日全部結束，並以最後廿分鐘討論問題。晚，教育廳李廳長泰華在青年會設宴請各銀行經理與商務、中華、正中、世界四書局經理討論借款印小學教科書事，決定中國、交通、農民各五百萬，本行一千萬，以本行為代表行，其餘續商，余另有應酬，故早退。

交際

　　晚，恆祥銀號張慎脩、楊孝孺請客，飯後併同林建五、韓世元兩兄至金線泉邊茶敘。

7月12日　星期五　晴

職務

　　上午，舉行會報，討論恆豐泰銀號欠款、借據印花及利用積數表匤計每月預收付利息等事，又報告印製教科書貸款及參加統一指揮部關於收復區金融問題討論情形。

交際

　　晚，參加由上海銀行召集之同業聚餐，因在暑天，到人數不多，勉足兩席而已。

體質

　　因連日飲食失調，昨晚腹瀉一次，睡眠尚好，今晨又瀉三次，下午復繼以兩次，量已甚少，入夜停止，此

僅微恙，而因余抗病能力甚低，故終日感四肢無力，兩眼失神。

7月13日　星期六　晴

職務

　　余所任省幹訓團公庫制度一課程已於本週結束，預定下星期舉行試驗一次，但余將不到團，乃於今日將題命就，固封送姚教官錦，請其代辦，題凡四：一為試略述公庫之分類；二為試述機關自行收入之限制；三為試述國庫統一處理各省支出之程序；四為簡釋以下諸義：一為公庫支票，二為繳款書，三為收入總存款，四為直支與撥支，五為聯立綜合組織，六為緊急命令撥付款。上午，正中書局代表商務、世界等三家來行商洽透支印製教科書之手續，此人為齊杞南，乃參議會中之多事分子，以印書造福學生為名，實則經商發財者也。省府在本行存款已只餘一億四千餘萬，而明日出發博山收復區將帶一億五千萬，余允由行借給一千萬，但不久牟尚齋秘書長又來電話謂只可付五千萬，留餘數供省府數日之支應云，因而減付，此電話前本行因庫存不夠，曾以電話與中央銀行商量在營業時間外提現一部分，正由該行到處尋覓其會計與出納，至此即告該行毋庸再取云。

交際

　　晚，省臨參會議長裴鳴宇邀宴銀錢業於青年會，為所設商校宣傳將募捐事。

7 月 14 日　星期日　晴
看書

　　今日休沐，溽暑如蒸，終日未出戶一步，亦無客來訪，頗悠然自得，讀冰心女士所著「關於女人」，著者以男士筆名，假借男性口吻描寫其所接觸十四女性，皆神氣活現，各能表達其可愛處，其中僅有「我的鄰居」一篇讀後使人窒息，使人淒涼，而最引人入勝者則為「我的學生」及「我的房東」兩篇，前者寫一志氣高昂、活潑、要強，而又嚴肅、現實之女性，結果犧牲於為友輸血，寫來動人處令人落淚，後者寫一秉性多情而避免結婚以致對寫作有貢獻之女性，刻劃心理，無微不至，作者筆調莊諧併陳，流暢清麗更不脫其「寄小讀者」時代之情韻，而幽默諷刺處則尤見作者中年後之素養，最後有後記一篇，發抒其對女性之社會地位之認識，謂女子比男人多些顏色，多些聲音，比男人更溫柔而勇敢，更活潑而深沉，更細膩而尖刻，世上如無女人則至少失去十分之五的真，十分之六的善，十分之七的美，亦頗耐人深思。

7 月 15 日　星期一　大雨
職務

　　省府開支又感困難，牟尚齋兄託代為張羅一億，渡此難關，待趙廳長回濟即無問題，余以目前可能有款者約為鐵路局與黃河修防處，後者余於下午訪韓仲鑒科長時囑其設法詢問，有無將存款移來本行之可能，前者余訪鐵路

局李處長，據稱款尚未由浦口撥到，但交通行尚可透支，余託其透用一億，由省府負擔利息，渠允報告陳局長後明日回話云。

師友

　　答訪韓仲鑒科長夫婦於三大馬路，二人亦均久住立煌者，閒談彼處已往山川人物，頗有奇趣。

7月16日　星期二　雨

交際

　　晚，同中央行劉經理赴省府參加何主席招待空軍之宴會，到賓主近百人，飯後游藝，有朋菊庵、蔣少奎之捉放曹，馬莉珠、孟麗君之得意緣帶下山，花二順之歌曲，王樹田之相聲，而殿以馬莉珠之清唱反串小生，節目均甚精彩。散會已十時，主席囑分別用車將各藝員帶回，以免專送之煩，余車竟為坐滿，余乃改坐牟尚齋兄車，車中牟兄相告省黨部曹州幫以本行放款利息太高為辭，對余不無攻擊，既知其乃有作用，亦即淡然置之，因此輩吃摩搽飯者固應如此也。

7月17日　星期三　有陣雨

師友

　　下午，聞季獻之兄由京回濟，特至交通銀行訪談京滬一帶政治經濟情形，承贈奈龍褲帶一條。

娛樂

　　傍晚應林建五兄之約至其寓所便飯，飯後同至北洋戲院觀湘災義演，戲目為袁金凱之武文華，到時已將終場，大軸為馬莉珠之大英節烈，乃其拿手戲，余為第五次觀賞，前後始終不懈，采聲不絕，惟其中打武有一場持槍未穩，被對方翻觔斗時以頭相撞而致落地，雖屬偶失，仍不無叫倒好者，戲場殆如官場，為事百件，九十九件皆對，只一件有誤，且未必真誤，追究責任即成不可原諒，且官場更有無一是處而能逍遙自如者，在戲場中可謂絕無，故論真正是非，官場不若戲場也，又聞林兄云日昨馬伶至警局商排義務戲時，出大門時受警士不鄭重之阻難，敵偽時期欺壓弱者之積習尚存，亦社會怪象之一也。

7月18日　星期四　晴
職務

　　上午，聞趙廳長季勳回濟，乃與趙副總經理同至機場歡迎，余並陪同至省府謁何主席，據趙兄談在京已將本行註冊手續辦妥，註冊費並繳財部，董監名單亦經錢幣司簽擬，俟呈部長核定即可發表，一切可稱順利云。中午，至牟尚齋兄處吃飯，傍晚尚齋兄又來訪，轉來丁廳長基實由博山來一名片，請派員至博山設行，並以稽核龍昌華調充，龍君自發表後並未到職，有非辦事處主任不幹之神氣，無非以軍人為後盾而何主席則慣常敷衍，余殊為之不快。晚至石泰岩出席合作事業協會省分會理事會，余

到時已遲，會已開過，僅餘聚餐，到者十數人，當選者多未到。

師友

傍晚，杜仁山兄來訪，談膠東人士之複雜情形。韓世元兄來訪，略閒談即去。

7月19日　星期五　晴

職務

上午，同交通季經理、中央古副理及中國王襄理同至淨居寺參與王副軍長君培之公祭，由何主席主祭，禮畢後偕返，聞十二時發靈云。晚，大陸銀行約集聚餐於交通銀行，余向中、交、農三行報告印製教科書貸款之經過。青島人事重新調整，張店、周村兩辦事處派人籌設。

娛樂

晚，同劉經理健夫至北洋觀劇，至時馬莉珠鳳還巢業已出場，唱做均有可取，此劇余曾觀過，亦在北洋，亦係義演，配角亦與前相同，大致尚稱健全，夏令時間九時半即散場。

7月20日　星期六　陰、夜微雨

職務

著手推設張店、周村兩辦事處，並連帶調整青島分行人事，已先發表龍昌華為張處主任，畢鴻遇為周處主任，即將發表胡荊林為張處會計員，李鴻鈞為周處會計

員。晚總務科李科長、營業科韓科長來商加調人員前往，決定調鈕�、朱寶麒至張處，司學義至周處，餘俟將來需要時再行補充，至青行以蕭覺先為文書主任，白彩臣為會計主任，均專任。

交際

晚，濟南地產公司王玉圃請客，到有十九軍官總隊劉總隊長、律師顏海洲、侯漢卿，處理局專員三人，稅局靳鶴聲、謝松雪等，余未入席即辭出。晚，林建五兄請客，到李副司令官仙洲、牟秘書長尚齋、李、趙兩廳長、臧主任伯風、劉秘書長幼亭等，九時始散。

7月21日　星期日　晴

師友

上午，到山東區貨物稅局訪韓世元兄，閒談官場種種奇特現象，渠任副局長，向來作風清廉，目睹局內腐敗污穢，力不從心，深為苦悶，其處境與余在皖地行任副主管時正復相同，據稱靳局長挪用稅款，經營商業，且以白髮之年，納二十許師範畢業之女性為寵，局內男女職員亦如中風狂走，局內苟合，光怪陸離不一而足，現以知識分子女性待字者多無對象，身價毫無，此問題殊為嚴重，例如最近省府傳達娶一師範畢業之妻，而今日有主席隨從馬信良現在本行服務者向余報告下月初訂婚，對方為震旦護士學校畢業之天主教徒，至余行內女行員十餘亦均在蹉跎歲月之中，再如韓兄之妹，溫文嫻淑，年逾二十，尚在閨

中，此種情形真嚴重問題也。在世元兄處適遇恆祥銀號經理楊孝孺，談市面情形及新開銀號如恆豐泰等作風之不佳，所見與其他友人相同。余在韓兄處午飯後約定晚間觀劇，回寓休息。

娛樂

今日為湘災義演最後一日，與林建五、韓世元及其夫人與妹往北洋一觀。

7月22日　星期一　晴、夜有陣雨

職務

上午，商務印書館副理張蔚岑來訪，談各行借款合約所定教廳通令各學校將書價逕繳銀行對於各書局所生之困難，余允在不變原則下對於手續加以補救，由學校與書業定之。

師友

下午與洪小東兄夫婦等在市民公園休憩，並閒談，有提及當前最嚴重之女性擇偶問題者，宜乎男女關係之混亂，而有若干青年女子以吞食生命腐蝕靈魂為是也，此現象思之殊為悲慘。晚，韓仲鑒兄來訪，談上海物價極廉，頗主開創信託業務。

7月23日　星期二　晴、有陣雨

交際

晚，宴客，應邀者有財政廳長趙季勳、省府張會計

長景文、田糧處長王隱三、交通行經理季獻之，皆赴京回
濟者；田糧處副處長郝宇新，由青島回濟者；民政廳長劉
道元，由淄博回濟者；教育廳長李泰華、保安處副處長呂
祥雲，皆到任後未請者；人事處長孫拙民，亦到任後未請
者；財政廳第三科長朱澤生，甫隨趙廳長由京回濟者；另
為牟秘書長尚齋、田糧處張副處長戟門，則請來作陪者。
余與趙副總經理作主，主客共十四人，圍大圓桌，頗極一
時之盛。

7月24日　星期三　晴

職務

　　濟市商務印書館、世界書局、正中書局及教育圖書
社代理中華書局為印製教科書借款事，已醞釀多時，上週
各放款行且已簽字，而各書局則因各學校逕將書價送存銀
行備還本息事，數度提出計算之困難，今日其代表齊杞南
又來為最後商談，余即告以合同條文所定不過為一原則，
其手續如何，可由各書局與各學校將每筆書價結清時隨時
繳存，銀行不加過問，齊並表示教育廳當逐日查帳以為控
制，余認為更無問題，談妥後即轉告中、交、農三行矣。

7月25日　星期四　晴

職務

　　自蘇、滬、徐、皖一帶匯兌做通而後，已將須調
各地頭寸調回，漸感無以為繼，加撥京、申款項乃大費

周章，昨今兩日將所知京滬多款之機關加以預計，分頭
接洽，一為津浦區鐵路局，短期內謂無款可撥，二為財
政廳，上午至財廳與朱科長洽談，七月份未領之款尚有
三億餘，但國庫署手續極繁，限在當地分庫由濟撥付，
故不能利用。但下午在企業公司開會時遇趙廳長，謂在
渝尚有款十億，國庫署允予東撥，余洽請以三億撥至南
京，本行如數在濟還省府，四為田糧處尚有糧款在京，
下午洽王處長隱三請在京撥本行三億，此二事均可辦
到，南京、上海頭寸可以撥濟，但目前已有急速調撥之
必要，故時間上如何能相配合，尚待籌慮。上午在省府
訪保安處呂副處長祥雲，不遇，訪劉明順兄，談山東政
情，均覺不易有所表現。

師友

中午訪華子修兄，留午飯，其夫人李淑英女士談及
聽戲事，余謂余捧角確有分寸。下午訪洪小東兄，途遇即
同至中西書社，閒談渠已將公路總局辦事處結束移交，將
有意辦營業稅云。

交際

晚，濟興銀號經理韓東嶽請客，皆中、中、交三行
及本行主管人，菜餚甚豐，九時散。

7月26日　星期五　晴

職務

上午，舉行會報，首由余報告並檢討下期開始後存

放款匯兌之情形，本行註冊接洽情形及將來信託部俟註冊
後有急速成立之必要等情形，討論事項有增加員生房租津
貼一案，確定總、副經理十單位，科長及分行經、副理、
辦事處主任五單位，股主任四單位，辦事員三單位，助理
員一單位，練習生半單位，每單位五千元，但住宿舍內者
並不支領，此規定只表示貼補，實仍不足用也。

交際

晚，至開樂西餐館參加東萊銀行召集之同業聚餐，
多冷食，余先後食冰淇淋四客。

7 月 27 日　星期六　晴

職務

本行最難把握者為頭寸，省府存款旬日來均在十億
以上，今日即只餘千萬，故數日之間由最鬆轉至最緊，今
日又張羅各機關存款，僅與鐵路局洽妥後日可存入一、兩
億，今日營業時間終止時頗為提心吊膽，幸尚無鉅數提
存。準備經營承兌匯票業務，其方式為由商界出票，本行
承兌，交通銀行貼現，交行收息四分五，本行收息一分
五，合共六分，由出票者負擔，並不為重。

師友

下午，宓汝祥兄來訪，漫談該交通行制度與人事待
遇等情形，其關於待遇者除生活補助費三百倍加基本數六
萬元外，再照總數加三成，另外膳費米一擔，家屬米一石
六斗，特別辦公費則總經理十二萬，此地支行經理六萬，

副理五萬，襄理四萬，故照濟南米價十三萬按一四百元待遇之支行經理計算，每月可實支七十餘萬，一百元之辦事員亦可支至四十餘萬，倍於簡任官云。

7月28日　星期日　雨

職務

晨，至信生學校參加童子軍教練員訓練班開學典禮，演說者有李泰華廳長、徐慶譽主任等，會後並至宿舍參觀，又至隔壁柏俊生家用早點，柏君乃此地聞人，極好交游。

師友

上午，同林建五兄訪林鳴九兄，渠昨日由青島來濟，移時韓世元、謝松雪兩兄亦至，閒談政治現狀及國家之苦悶，同聲唱嘆。中午，約在濟同學牟尚齋、劉明順、孫化鵬、韓兆岐、高蘭薰、宓汝祥諸兄在余寓聚餐，並討論介壽堂捐款結束事宜。下午，華子修李淑英夫婦來訪，到後即大雨，派車送回，並承配發藥片十片備腳趾腫炎內服用。晚，林建五兄約吃飯，於七時如約前往，在座者尚有韓世元、謝松雪兩兄。

7月29日　星期一　晴

職務

上午，財政廳趙廳長召集各行經理商談民糧貸款事，其總數經四聯總處核定為二十億，但分兩批，第一批

係照在濟各行協議，凡七行分擔，均十足向中央銀行轉抵押，第二批中央行與中、交、農四行合放，因中央行堅持須先放第一批，故即照案決定。又中央行曾墊軍糧購價卅億，尚未還清，有意從此次借款內扣還，因二事不可牽混，經決定在第一批不扣，何時扣還再議，此十億依照四聯總處指示，可以先行付款一部分，經即決定為五億，其餘續俟押品進倉再行支付。

交際

中午，韓世元副局長夫婦及謝松雪局長夫婦請客，主客為林鳴九委員夫婦，作陪者為林建五局長夫婦、牟尚齋秘書長夫婦、林毓祥書記長、馬莉珠女士等，三時散。

體質

三日來小恙未斷，先係鼻炎，數年來尚係初次，未治自漸痊癒，前日起右足大趾甲縫腫脹，似春間手指之疾，昨日開始熱敷，每日兩次，內服 sulphathiazole 四小時一次，未轉劇。

7月30日　星期二　晴、有陣雨

交際

下午，中央銀行劉經理夫婦及古副理在開樂飯店請客，到者皆各行經理及夫人在濟者，凡廿餘人。

師友

晚，探洪小東兄病，係扁桃腺炎，寒熱正重。

體質

右足趾未轉劇，早晚各做熱敷兩次，前日配取
sulphathiazole 十片，今晨服完，購消治龍藥片續服，並以
電話詢華子修院長，處方每次一片半，今日共服四次，夜
痛疼減輕。

7月31日　星期三　晴

職務

上午財政廳第三科長朱澤生來訪，談現在省府已無
餘款，而渝款尚未匯到，此間周轉困難，趙廳長意本行務
應於緊急時予以周轉，余謂此事原則上可儘量準備，其法
即緊縮放款減低收益，只須本行不至賠錢，無所不可，但
在局面不展，銀號高利吸收存款情形之下，本行頭寸來源
全靠三數億之浮存，縱不能如省府存款之十足準備，可運
用者亦實在有限，恐於行之經營有礙，而於廳之補亦甚尠
也，當前可資周轉之道尚為增加本行之存款，凡省屬機關
款項以命令限存省行，如資金能充，庶可有力接濟省府
云。上午，中央銀行劉經理來訪，偶談及外縣代庫事，余
甚贊成，且可減除若干困難。下午，譚科長慶儒謂最近營
業科承做火柴押款兩億，押品已未進倉，情形不明，行內
同人有關者似乎神色上不無懷疑，余對此事原則曾予批
准，手續未加過問，乃立函韓科長詢問。

體質

右足趾續熱敷一次，上午出膿，擠乾約得一 CC 之

譜，至省立醫院就診，僅用紅汞塗搽，余見太簡單，恐膿口再封，乃採納友言以消治龍粉末灑布膿口，未覺有何刺激。

8月1日　星期四　晴、晚雨

職務

晨，到交通銀行內新設太平洋保險公司為開幕道賀，並順便拜訪王慕堂夫人。到中國銀行答訪張襄理維煒。下午，到企業公司出席籌備會，無重要事，會後至東萊銀行閒談。

師友

下午，到妙通里探洪小東兄之病，至則已外出，知已起床，移時由外返，余將今日代為放給茶莊款一百萬元之借據面交，略談即辭出。到貨物稅局訪韓副局長世元，閒談，承留晚飯，由韓兄令妹手製膠東作風之燙麵餅，甚鬆軟可口，飯後略談閩浙友人情況而返。

8月2日　星期五　晴、晚雨

職務

韓科長仲鑒談最近承做火柴押款四戶共兩億元，借戶火柴係購自處理局，進倉與用款係同時辦理，今日稽核科譚科長未至倉庫調查押品，竟赴處理局質問，致受該局搶白，不得要領而返，此事殊與對外顏面有關，大致自韓君到行，因頗有表現，致遭嫉刻，而又不得其發洩之道，乃有此類情事發生，又今晨會報時余提出應以吸收存款為當前要務，彼等又提出存款不多由於放款偏頗，亦係意氣之談也。晚，中央銀行召集同業聚餐，因係飯店送菜，無精彩。

8月3日　星期六　晴、有陣雨
職務

　　行內有一不良現象方始滋長，此現象即多數不諳銀行業務者，因妒功爭寵，本身無所表現，反向有表現者極盡阻撓挑剔之能事，此風氣由到行以來絕無業務貢獻之副總經理趙翔林領導之，對於顧客之便利絕不顧到，對於運用同業在競爭中減免損失，以及在業務上配合政府牟取利益絕不了解，日惟吹毛求疵，待遇惟求其高，開源絕無手段，結果不免以少數人之經營供多數人之消耗，此風一成，不惟人事上從此多事，即將來開展業務，亦屬非易，甚矣外行辦事之誤公也。

8月4日　星期日　晴雨相間
交際

　　上午，到聚賓園參加本行雇員馬信良之婚禮，馬係以前隨何主席為隨從副官者，新娘則為震旦所設助產護士學校出身，現在省立醫院為護士，資歷恐較新郎為高，現在婚嫁欲求相稱，其難如此，余於開禮時即先退，一因右足未痊癒，不耐久立，二因飯店結婚，有類兒戲，新人尚未行達禮案，即為綠豆小米所包圍，新娘只能以巾掩目，新人相向一鞠躬時，竟為人推至非常逼近，二頭相撞，砰然有聲，觀眾以為笑樂，末俗澆漓，一至於是，余不能卒視也。

師友

下午，到仁愛街志成里訪林毓祥兄，詢其何時赴
平，余到時見其未婚妻張小姐在座，乃又談及結婚之日
期，似乎若干度談判均無結果，現因林兄赴平，勢不能不
急轉直下者然，余以不便久坐，乃退出。訪牟尚齋兄不
遇，到六大馬路訪張會計長景文，閒談，對將來省庫設立
事，均主依公庫法辦理，但其他負責人因半年來國庫手續
太繁，認為公庫法乃一枷鎖，此蓋不知省庫恢復後其權操
在省府也。晚飯在林建五兄處，在座尚有周曉東局長。

8月5日　星期一　晴

職務

財政廳在濟存款用盡，今日商量透借一億元，余以
為數不大，且廳方曾先在京撥付三億元，為互相協助，即
允照辦，但頭寸深感不裕，故除一面緊縮放款外，一面並
吸收大數之存款戶，以資挹注。

交際

晚，中興商行張卓然、曹樹三請客，在座有左子奇
專員、呂祥雲副處長等，凡十餘人。

師友

晚，同林建五兄訪牟尚齋兄，會林毓祥兄亦在，當
場決定本月十一日毓祥辦喜事，又據尚齋兄談本行董事因
部方表示應有秘書長等參加，故將所保之張希孟抽換，其
餘則未動云。

8月6日 星期二 晴

職務

今日最不愉快事有數端，一為總行頭寸軋緊，除為財政廳籌措之一億元外，又有青行電告頭寸不足，且託交通銀行來收一億元，事出突然，必須另外籌劃；二為續接青行經理張振玉與副理陸嘉書分電請病假，張謂方到青島人地生疏頭寸用罄無法應付，言外有擠提陰謀；三為省府撥付綏靖區招待空軍費用一千四百餘萬係用支付書，該部副官處未見此物，不知有寫領據之必要，余正午睡時該處一課長來電話必須即接，甚至對女交換生出之謾罵，余被吵醒，其意只不過問收據如何具法，問明後謂明日再辦，此種不可理喻之軍人，浮躁淺薄而無知識以致於此。以上三事之第一事必須另行出外拉收存款，余至田糧處晤張副處長，該處有撥到糧款一部，但須與中央行交涉不扣其欠款，始能取用，除余所知者外，其餘更無人可以在業務上有所籌劃，因負重要責任者率多外行也。第二事余急電青島市長李先良兄，託其責二人以大義，勿貽笑於地方，同時發一航信補述詳情，謂二人皆係以前自動願來幫忙，而經同時發表者，陸君不無偏勞之處，但不出一週，現此跡象，二人涉世非淺而舉動如此輕率，殊為痛心，青行信用如失，亦即余亦不能立足，乃吾整個同學之羞，個人成敗事少，缺此一環則損失鉅大也，望召兩人面曉大義，以事業為重云。第三事之可恨為無理取鬧，此種無常識之下級軍人，對公營事業尚且如此，其平素之漁肉百姓敢怒而不

敢言者，實更僕難數也。

師友

　　上午，來訪閒談而連帶涉及業務者有中央行經理劉健夫兄、貨物稅局韓世元兄、財廳第三科長朱澤生兄等。晚，到省黨部訪龐主任委員鏡塘、楊書記長展雲，劉委員霜橋及高注東兄，其庭園有黃金簪東洋花一種，黃昏齊放，黎明萎謝，極有意致。

8月7日　星期三　晴

職務

　　晨，到省府建設廳訪丁廳長基實，談關於張店辦事處所請買煤銷濟事，現在因層層控制，運輸困難，且到濟後須先儘電燈公司平價購用，殊屬無利可圖，經即函覆張處緩辦矣，張店初售之煤（第八軍）為四萬元，後漲為五萬元，張處擬買價為六萬元，自係該處與八軍間串通所定。上午訪中央行劉經理略談本行通融款項事，渠對原則甚贊成，但辦法須再加研討。下午，至電業公司參加茶會，該公司報告運煤不能十分順利，以致全市送電尚須數日始可辦到，旋由各機關提出意見，繼各銀行與該公司及建設廳長、處理局主任會同商談借款轉期續訂透約還款辦法事，尚須三數日始能完全決定。晚飯在交通銀行，飯後與該行經、副理閒談，二人在此地同業中均極精明，對於各行情形亦均知大概，甚至知本行放款數，但一再問存款數，余漫應之，此二人頗有賣弄之意，亦殊未當也。

8月8日　星期四　晴
職務

上午，建設廳來接洽章邱煤礦貸款事，決定完全仿照春間與淄博章汶鑛務委員會所訂之約辦理，但用款先為一千萬，其餘於兩週後再用二千萬，下午在企業公司開會討論公司代各工廠買煤，晚遇丁廳長談及此項煤款由公司撥存本行，又上項貸款煤斤支配各機關將由建設廳與各購戶洽定，照價先行將款送存本行，憑收據前往領煤，如此本行對存放款均可控制一部分。

交際

晚，請丁基實廳長、賈慕夷副議長、中央社劉向渠主任、報業工會何冰如君、張達忱顧問及處理局趙俊秀主任、救濟分署王子愚處長、鹿秘書及劉隊長等吃飯，係普通聯繫性質。

8月9日　星期五　晴、有陣雨
職務

上午，因各行現鈔奇緊，故由營業科向各銀號調集，勉有數千萬，以資應付門市，中央行因運款未到，門市付款以千萬為限。上午，到山東童子軍教練員訓練班授課，前後共二小時，課程為儲蓄，說明意義、法令根據、存款種類、戰時節儲運動情形等等。下午到省府出席民生銀行清理委員會，討論在濟房產起租等等，本行所用房屋亦規定租價自本年下期起租。

交際

中午，約劉秘書階平吃飯，作陪者有牟尚齋、趙季勳、張景文、高注東、林毓祥、張靜波等，係今晨電話約定，均依時而至。晚，銀行聚餐由中國銀行召集，改食過水炸醬麵。

8月10日　星期六　晴、晚雨
職務

連日籌劃頭寸，備極繁忙，就本地而言，總行曾經有類似情形，此不甚怪，此次最困難之點為青行發生市庫大量提存，陸續向總行調取鉅款，適此地亦不能於一旦張羅齊全，蓋本地存款較大之各機關亦正值京款未到之時，較有存款之兵站總監部本應為趙副總經理所能吸引，渠不知是何居心，始終未能拉得一文，因而內外應付策劃，全恃余一人為之，人事未臻健全，為之奈何！晚，會計科長高月霄持青行會計主任信來，係報告青行經、副理間之衝突，引為可慮，余告以無何關係，今日已去電嚴加訓斥矣。最近正進行中之吸收存款事，為煤焦管理會代工廠買煤款，黃河水利會脩防處二款，以及在南京洽領中之田糧處糧款，月半後可略充裕。

8月11日　星期日　有陣雨
交際

上午，到按察使街弔祭馬秘書敬久之父喪，喪儀昨

日先期送往。上午，參加林毓祥兄之結婚禮，證婚者宋正
軒，劉幼亭代理，男方主婚人為牟尚齋兄，均有簡單致
詞，來賓中推余為致詞者，余不可卻，亦即略述其訂婚以
後之所見經過，禮成攝影入席。今日籌備各事因係借牟尚
齋兄之公館，故渠之力獨多，宴客凡三座，軍樂隊係用省
府者，大致簡單隆重，散席後至仁愛街其新房略坐後，即
同韓世元、謝松雪兩夫婦同至林建五兄處休息一小時。

游覽

下午，同牟尚齋、林建五、謝松雪、韓世元四夫婦
及韓小姐等同至大明湖泛舟，所經為歷下亭、張公祠、北
極廟、鐵公祠等處，亦均登岸游覽，季夏之節，蓮花盛
開，又是一番情趣，湖中賣花者極多，有盛放之紅子午蓮
兩朵，嬌豔可愛，共以千元連白花數朵而致之，歸後知為
牟尚齋兄處攜去，夜以水生白蓮，及晨白葩怒放，有一塵
不染之姿，洵為可愛，惜不長壽也。

師友

晚飯同在林建五兄處與謝松雪、韓世元、牟尚齋兄
等共餐。

8月12日　星期一　雨

職務

晨，牟尚齋兄以電話商洽因社會部谷部長正綱即將
來濟，欲借用余之住宅，余表示可以照辦，但房屋狹隘，
樓上雖夏日無人居住，而甚燠熱，且進出警衛均不甚單

純，不若即在總行樓上較宜，經即決定，並飭科籌備一
切，省府交際科亦來洽辦。青島分行事連日無新發展，但
缺款問題並未解決，今日林鳴九兄來電謂內情複雜，宜速
解決，遲恐不逮，為之十分焦灼。

交際

　　晚，永新貨棧米瑞羲等請客，余到後即辭出。晚，
黃河水利委員會山東脩防處請客，有本行總、副經理、中
央行各主任、交通行姚主任等人，察其規模似乎各行上中
人等均請云。

娛樂

　　今日應劉健夫經理等約往觀演穆天王，見上座不過
五成，其中十九為軍人，大約係不出錢來湊熱鬧者。

8月13日　星期二　晴

職務

　　青行人事問題發生後已一週，至今未續有發展，亦
未有解決，此情形長久僵持，自有未妥，而林鳴九兄來電
亦謂內情複雜，須適時處理，遲恐不逮，余因此地不能遽
離，且余自行前往須就地做最後決定，無緩衝餘地，故決
定派稽核科長譚慶儒前往視察，正準備中。

交際

　　晚，趙翔林約兵站總監部、七十三軍軍需處等軍需
學校同學吃飯，余亦參加作陪。

娛樂

晚，在大華戲院觀義演「貂蟬」，由三英戰呂布起演至鳳儀亭刺董卓止，前段係底包墊戲，自貂蟬及王允出場，飾呂布者為孟麗君，飾董卓者為蔣少奎，飾王允者為韓少山，均尚佳，上座較昨日略佳。

8月14日　星期三　晴

職務

晨，至鐵路局警務處大禮堂參加慶祝八一四空軍節大會，由空軍濟南指揮所李言電主席，各機關長官相繼訓話，並頒發獎品、贈品等。聞中國、交通兩行準備開做抵押放款，而利息僅為月息五分，此項措施使本行受相當影響，對抗之法必須力求增加存款，或將款調至利息較高之處貸放，前者在求放款比例增加，後者在求收益較多，目的無非為保開支與結盈也。

娛樂

晚，赴駐濟空軍之空軍節慶祝宴會，七時晚餐，同時開始游藝節目，有王樹田之相聲，來賓中太太小姐數人之歌曲，平劇有蔣少奎之盜御馬，袁金凱之林沖夜奔，馬莉珠之貴妃醉酒，以上諸伶演以上諸劇，余皆觀過數次，大體尚佳。

8月15日　星期四　晴

職務

上午，因前日派譚慶儒科長赴青視察，彼堅請改派或緩去，余至不悅，由李、韓兩科長告以不能以私誤公，始決定前去，余對此類人印象最劣也。答訪黃河脩防處綦秘書、李主任、李科長等。

交際

晚赴防守司令部宴會，到者皆為銀行經理，菜甚豐，余於今晨答訪該部董副司令顧處長。

娛樂

晚，應邀參加慰勞總會召集之八一五慰勞國軍盟軍雞尾酒會，到者數百人，餘興至十時散，計有清唱大鼓、相聲、管弦樂及馬莉珠演穆天王與辛安驛等。

8月16日　星期五　晴、早雨

職務

張店辦事處主任龍易華來濟，談及在張買煤運濟事，經研究結果，認為無利可圖，且極其繁瑣，因張店須六萬一噸，而濟南分配歸公，不過七萬一噸，至於若干官吏軍隊運煤來濟販賣黑市，實繁有徒，然本行決不能公開為此，若祕密為此，公私混淆不清，枝節更多也。

交際

晚，參與交通銀行召集之同業聚餐，順便與中、交、農三行商討續借教科書貸款事宜，均認為原則可行，

但分期付款須為整數,須有抵押品,須有預算,利息則照舊四分云。

8月17日 星期六 陰雨

職務

經營事業最感受困難者無過於今日,就人事言,省銀行如有發展至各縣之可能,所需人員眾多,須儲備以用,但局勢陰沉,設儲備人才,反無所用之,而增加無謂之開支;反之如毫無準備,一旦局面開朗,人員不充,則有措手不及臨時張羅必多倖進之虞。就業務言亦同,目前本行所營者乃成為普通商業銀行之業務,省行所特有之產銷押匯及代理國庫等,則因侷促一隅,根本無從談起,故就省行屬性言,此情形實屬變態也。

8月18日 星期日 晴

師友

晨,張景文兄來訪,談發起會計補習學校事,並同出至省黨部訪彭開智、劉心沃均不遇,又同至齊魯大學訪李廳長泰華,李氏之未婚妻程小姐及妹亦在,二人均有教育根底,風度談吐不同凡俗,室內陳設及插花亦均極勻稱,余等辭出時並承兩小姐至隔壁孫教務長宅折木董若干為贈。午,季獻之、孫化鵬兩兄先後前來,留午飯,並閒談,二時去。

交際

　　晚，第八軍辦事處龍易華、趙子良在式燕飯店請客，半係本行高級人員，餘為軍人。

8月19日　星期一　晴

師友

　　上午，張副理蔚岑、謝處長翔林來訪，張兄談書寫贈序事已獲沈老先生之同意。上午謝松雪兄來訪，談作事之繁雜與悠閒，余認為此兩種境界並非不能合一，只在從事者之修養與看法而已。下午，高注東兄來訪，相與大談佛老之學，歷五小時，余所讀此類書不若高兄之多，但余所體驗之最高境界即禪宗之不著文字色相之解脫境界，並非不可到達，余認為應操之在我，欲著則著欲脫則脫焉。

8月20日　星期二　晴

師友

　　晨，相繼來訪者有林毓祥、張慎脩、韓世元諸君，所談題材多為昨日美匯掛牌改為三三五零元後之金價、物價動態等。蔣仲芳君來訪，取去德輝弟託轉青州之建立內姪照片。下午，到東華街答訪李子虔、劉心沃兩委員，並與趙廳長季勳略談行務。下午訪華子修院長，閒談。訪商務書館張副理蔚岑，約同至舊軍門巷訪沈老先生寶瑩字炯齋，面求書寫周虎青氏所贈之序，沈老先生對於周文極為推崇，且表示極願結此文字因緣云。晚，高訒女士來訪，

詢德芳來濟行程。

8月21日　星期三　陰雨
職務

　　中午，省府告社會部谷部長下午二時到濟，余因與谷氏有師生之誼，且此次即下榻本行，故即乘車往迎，甫入飛機場門，谷氏及歡迎者即已出場，乃相隨而返，隨谷氏到行之各機關首長聚集一室，本行客廳雖大猶有人滿之患。移時，今日到濟之國防部參謀總長陳誠氏即須離濟，來訪谷氏，順便與王司令官、何主席及各首長報告簡單之軍事，謂對共產軍逐漸採取主動，且連續擊潰其主力，且此次作戰頗得美方之諒解，軍事上頗有把握云。傍晚谷氏核定在濟工作日程，余於晚飯後返宿舍，今日因須順便照料一切，故終日在行，谷氏相違近廿年，風采依舊。

8月22日　星期四　晴
職務

　　上午，劉經理健夫來談，該行接到公事將對本行予以檢查，囑先準備，同時該行孫主任亦與趙副總經理及韓科長談起，正準備中。上午，同劉健夫經理訪清查團郭監察使仲隗、趙參政員公魯及委員紀貞甫等。上午，夏總司令楚中及軍長陳金城、霍守義兩氏來訪。下午，到斜馬路訪夏楚中氏不遇，與其夫人略談。下午訪第八軍軍長李彌氏，約後日吃飯。到綏靖區司令部訪七十三軍韓軍長濬，

不遇，留片。晚，牟尚齋兄來電話，謂各縣參議會及省參
議會因財政部不准民生銀行復業，遷怒於本行之成立，謂
將於明晨開會後至本行有所擾亂，望提防云，余意此輩縱
無意識無常識，舉止亦不至如此輕率，因本行之是否設立
全本於法令，民行之是否恢復更與本行之營業無干，果有
此事，即幼稚極矣。

8月23日　星期五　晴

職務

　　晨，到津浦路火車站送谷部長正綱赴博山，並在月
台遇七十三軍韓軍長等同行返淄川。上午，舉行業務會
報，余報告三事，一為中央銀行奉令前來檢查之應注意事
項；二為參議會民生銀行復業籌備會對本行有所誤解，本
行應採之立場為奉令成立，與該會並無直接恩怨可言；三
為谷部長對本行所辦小本貸款極表贊同，將回京與四聯總
處接洽擴充由本行代放云。中央銀行奉財政部令來行檢查
業務動向、經費開支、人事組織，已通知各科與來員充分
聯繫並供給資料。譚科長漢東由青行來信，謂陸副理嘉書
仍住醫院。

交際

　　晚，中國農民銀行邀集同業聚餐，係借用余在集成
里之宿舍，到十六人。

8月24日　星期六　晴

職務

上午，胡冠嵋氏來訪，談昨日曾參加省臨時參議會召集之各縣臨參會與同鄉會代表聯席會討論民生銀行復業問題，會內發言無序，且多刺激傷害第三方面之言論，尤奇者財政廳趙廳長應邀參加，中間竟有提出請其退席者，又對於民生銀行清理委員會始終未提，僅決議立即復業且仍在舊址函本行遷讓，聞此節意見亦不一致，種種幼稚見解不一而足云。

交際

晚，邀廿集團軍夏總司令楚中夫婦、十二軍霍守義夫婦、第八軍李彌夫婦、九十六軍陳金城軍長及八軍辦事處趙龍雨主任吃飯，皆到，惟陳金城軍長至時余始知其夫人亦在，陳氏亟派車往接，返謂又已出門，自係因請柬遺漏之故，此類交際事項，最宜絲絲入扣，極費心思也。

8月25日　星期日　晴

師友

上午，到尚志里訪李書忱會長，閒談前日參議會民生銀行問題討論情形，笑話頗多。在李寓逢劉明順兄夫婦，同至牟尚齋兄處，余至青年食堂為牟瑞庭君結婚道喜後未及入席仍回牟寓午飯，飯為水餃，有劉兄夫婦、韓華斑兄及張小姐等，飯後至火車站歡迎谷部長正綱，至則已出站，回本行招待所相見，余表示中央合作金庫即可成

立，此間需效力之處均可幫忙云。傍晚韓世元兄來訪，同
至李書忱會長寓所晚飯，飯後並至行內與趙廳長一晤。

8月26日　星期一　晴

職務

今晨余於八時十五分到行，緯三路行內人員所經之
門已被群眾所堵，蓋向谷部長請願之難民也，泊由正門
入，外間半小時餘未散，聞難民代表何冰如等要求谷氏保
障賑款若干萬，致未獲結果，形成僵局，谷氏表示甚為不
快，尤其認為黨部領導不當，況楊寶琳女士在群眾內指揮
亦所不滿，旋至省黨部舉行擴大紀念週，又被請願者所包
圍，聞有孔芸生大發牢騷，亦屬題外文章，徒貽人以雜亂
無序之印象也。十一時至飛機場送谷氏回京，原定省府公
宴，現因谷氏成行，故僅為各機關聚餐，客人僅魯青救濟
分署延國符署長一人，下午二時散。

8月27日　星期二　晴

師友

晨，同鄉牟煥秀兄來訪，現任市府水道局技正，並
與某建築公司有聯繫，因專恃為官不能生活也。下午，訪
林建五兄，韓世元兄亦在，閒談現今貪污風氣之盛，如渠
所任職之貨物稅局甚至科長、秘書亦在局長吃空之列，如
此膽大，殊為駭人，且會計、審計均為具文，官常如此，
可悲也。

游覽

　　晚飯後同韓世元、林建五兩兄泛舟大明湖，此為今
年之第三次，節屆初秋，入晚甚涼，故游人漸見稀少，余
等由鵲華橋經歷下亭、張公祠仍折返，全程未登陸，賣荷
花蓮蓬者尚多。

8 月 28 日　星期三　晴

職務

　　濟市中央銀行奉其總行轉奉財政部令到本行檢查業
務動向、經費開支、人事組織等項，已於上週開始，今日
下午聞今晨並曾到行檢查庫存，實係超過範圍以外，該行
檢查現已完畢，本行所備表冊為日計表、放款分析表、存
款分析表、開支月報表、章程草案、業務計劃、營業預算
等項，另於公函敘明開支超過預算之原因，存放款餘額明
細表不能抄送之理由等。崔唯吾先生自京來函，謂董監事
人選已經財政部核定，其中省方董事係根據省府去電將以
前所保者予以變更，凡撤銷者兩人，換人者兩人，此兩人
中余最初只知以張希孟改為牟尚齋，今始知並以趙立鵬改
為丁基實矣，此二人全係照徐柏園次長之意見，或不致再
有枝節。

體質

　　連日便秘而腹內污氣極多，轆轆作響，初因認為暫
時現象，候其自然痊癒，不料未能改善飲食，自亦無法抒
解，久之非藥物不辦矣。午間服硫酸鎂一劑，凡腹瀉三

次，午飯食烤饃二個，素菜一包，晚亦為之，僅菜不同，全日未動葷腥，腹內稍舒，僅夜間略作痛耳。

8月29日　星期四　晴
職務
下午，到民生企業公司出席籌備會議，討論本公司籌備創立會事，決定於九月一日開會，股份可以認足，至於股權與股份因有累進之規定，故尚須加以計算填註，以備計算選票云。
交際
晚，福順德銀號請客，該號在敵偽時期為由錢莊改成之銀行，因清理停業至今，現聞奉准恢復銀號，五日起營業云。晚，趙廳長季勳請客，在座者尚有新到濟南之省黨部委員劉心沃與平漢路特黨部委員李子虔等，其餘皆屬陪客，九時散。

8月30日　星期五　晴
交際
華子脩院長夫人李淑英女士之太夫人今午移靈，晨間送素幛一幀，近午往弔，因起靈時間已近，故留午飯，飯後參加送靈，由王府池起至南營興隆庵止，未入庵浮厝者路拜即返，今日參加者余多不識，女賓中則談及知多係德芳同學，有張、孫、杜、吳等女士及非同學之侯女士，聞其夫尚在政校就讀云。晚，由本行召集同業聚餐，因有

若干人須為牌戲，故亦準備一打牌之地，以免吃飯時參差
不齊，今日到二十人，相當圓滿，不若前數次因等候客人
致各行均為之不悅也。

8月31日 星期六 晴

師友

因今日崔唯吾先生來濟，今晨至中國、中央兩航空
公司詢問飛機時間，謂在下午兩三時，至時同洪小東兄至
機場相接，即住於集成里本行宿舍樓上，休憩後來訪者有
劉經理健夫及孫貽蘭女士等，旋至企業公司約同畢天德兄
訪丁廳長基實談公司進行事，此次官股方面董事監察人決
再減少一人，以便商股方面可以多多參加，名額易於支
配，又余為省行之代表人，理應出名額於商股董事中，亦
因此改列官股之中。談頃參加各機關首長歡迎于斌主教之
宴會，會後回寓，崔氏談此次在京運用本行董事之情形，
謂部方對董事長一席迄今未定，而最初屬意李青選，但彼
實無意於此，崔氏談其本人情形，認為不參加企業公司主
持當局為宜，但余殊不如此看法，因就此間股東言，尚無
其人云。

職務

晚，今日甫由青島視察回濟之譚慶儒科長，報告處
理青島分行張振玉、陸嘉書兩人糾葛之經過，至午夜後三
時始散，兩人處世經驗皆不足，又只知有己不知有人，此
次已勉強彌縫，將來恐仍無水乳交融之可能，余之觀察亦

同，可見用人真不易也。

9月1日　星期日　大雨
職務

上午，同崔唯吾先生到省政府賀何主席入濟週年紀念，辭出後至市商會大禮堂參加山東民生企業公司創立會，余於投票後即辭出回寓沐浴休息，因昨夜入睡太遲也。

交際

下午，約崔唯吾先生吃飯，並約李書忱、苗海南、馬伯聲、尚星垣、李公藩、楊竹庵及季獻之為陪，被請者尚有畢天德，臨時不期而至者有何主席、郭金南、李祖道，極盛。

娛樂

晚，參加省府慶祝主席入濟週年游藝會，有群英會及美國戰事電影，均平平。

9月2日　星期一　陰
交際

中午，王璘生、俞冠五二君在蚨聚長銀號邀宴，首座為崔唯吾先生，晚飯各紗廠、麵粉公司邀宴，首座為于斌主教及崔唯吾先生，凡兩席，晚飯又在王司令官耀武處便飯。

職務

下午三時參加企業公司首次董監聯席會議，公推常務董事七人，常駐監察人一人，常務董事中並互推丁基實

為董事長，繼即討論業務，余因須回行處理業務，故未終席。下午，應王司令官耀武之約於六時至司令部陪同崔唯吾先生晉謁，並留晚飯，席間尚有郭監察使仲隗及司令部政治部主任范奇浚、秘書主任劉君及泰安縣長李英豪，郭監察使報告其清查接收處理工作之進行情形，崔氏報告其來濟之任務，談話時間甚長，余亦就本行之特性組織與開幕以來至最近之推設情形作簡要報告，王氏甚虛懷。又談及本省政府與參議會不能配合之問題，極為關心，余謂時局如此，總以少鬧笑話為大前提，王氏甚為嘉納。

9月3日　星期二　陰

家事

上午，向飛機場空軍站詢明今日南京班機到達時間，乃乘車至飛機場候接德芳，十二時飛機降落，德芳隨機率紹南、紹雄兩女到濟，詢余何以得知，則昨晚中央社轉來周天固兄之電伊尚未知也，遂回寓休息，此次搭機只等候四天，迅速出人意外，接洽者為傅瑞瑗兄所介紹之南京空運大隊葛參謀主任，德芳已相別一年，略現衰老，雄女則已能語，惜未斷乳。

職務

下午，訪牟尚齋、趙季勳兩兄均不遇，訪張會計長談企業公司總經理事，一般揣測有苗星垣之呼聲，但頗不適宜，崔唯吾先生主張由畢天德代理，張兄亦頗贊成，並將與牟、趙二兄商之。

交際

晚，苗海南經理在元豐成銀號請客，到者皆企業公司有關人員，八時散。

9月4日 星期三 陰

師友

余在皖時周虎青先生所贈送之送吳茂如歸山東序，係請沈炯齋老先生書寫，今日張蔚岑兄送來，係用宣紙整張寫就，並附題跋，字極遒拔而娟秀，洵為不可多得之作。

職務

下午，舉行企業公司董事會，推選總經理、協理，有提苗星垣者，未能通過，結果以畢天德當選，協理則以李致和當選，又討論今後業務方針，以作公司業務計劃張本。

交際

中午，龐主任委員約宴，晚劉健夫經理約宴，均係以崔唯吾先生為首座，陪客各數人。

9月5日 星期四 陰

交際

中午，企業公司官股董事合請畢天德、崔唯吾二氏於趙廳長公館，余亦為主人之一，頃以本行董事監察人已接部電發表，決定下星期一開首次會議，當通知各科

準備一切。

師友

下午訪于希禹兄不遇。晚，王隱三、張之檠召宴，又參加何主席宴企業董監事之飯局。

游覽

下午，同崔唯吾、李書忱二氏游大明湖，余因已數度游覽，今日甚疲倦，故在船上小睡。

職務

青行副理陸嘉書來濟，談與張振玉衝突經過，瑣屑不堪，直至夜分，余約其改日談。

9月6日 星期五 陰

交際

午，應韓世元兄之約在開樂飯店吃飯，主客為崔唯吾先生，作陪者有于子久兄與李班庭及余與德芳。晚，同業聚餐由上海銀行召集，今日到者甚齊，完全便飯性質，時間頗節約。

職務

青島分行陸副理嘉書來濟後余僅與之略談一次，因連日賓客往來頻繁，而公私復夢集一身，極無餘裕與興致聽取其冗長瑣碎而無法解決之報告，今日余抽暇再度與其談話，囑其仍速回青，余所以做此決定者，一為總行不可按插，二為使其了結經手事項也。

9月7日 星期六 陰

交際

午，寶豐公司李公藩兄約宴，到者崔唯吾先生與各銀行及紗廠、粉廠經理，二時始用餐。

職務

訪趙廳長季勳談後日舉行董監會推選常務董事與常駐監察人事，因此事關係重大，須事先有所布置也，趙氏意渠與余必須入選，另外則財部主張列入董事之牟尚齋、丁基實兩人亦列入，而部方之賈慕夷則兼有溝通參議會之作用，故亦主加入，監察人方面則希望郭金南、龐鏡塘必須產生，此外則由老耄之周韓庭與尹漁村居一云。

9月8日 星期日 陰

職務

晨，與德芳訪趙季勳廳長夫婦，並洽談明日董監會議議程事，又訪牟尚齋兄夫婦，遇何主席亦至，何氏談及董會互推常董人選事，主省三、部二，省方除趙季勳與余列入外，尚齋兄主李書忱，何氏以政府人員太少為辭，主張鴻漸，當係有所謂者，部方中則主張李毓萬與靳鶴聲，而反對崔唯吾，如此布置，則曹州府即有兩人矣，何氏為此訪牟兄，可見其注意也。

師友

上午同德芳出外訪友，計到之處有吳培申夫婦家、劉道元尹素桂夫婦家、李書忱夫婦家、韓世元夫婦家。下

午，姚智千夫婦、牟尚齋夫婦、張景文夫婦前來答訪。

交際

晚，參加鐵路局李處長星可結婚禮於該局小禮堂，
未入席即辭出。晚應赫連香齋之約宴，未入席即辭出。晚
與李書忱合請青島中國工鑛銀行于經理希禹於泰豐樓，並
請王隱三、張之棨等作陪。午飯，仁豐紗廠馬經理伯聲約
宴，主客崔唯吾先生。

記異

晚，應邀至警察局觀賞開放之曇花，余至時已開一
小時，凡兩朵均同時盛開，潔白無瑕，香味似芍藥，花枝
由葉邊派生，為他種植物所無，十時返，聞開放可四小
時，三年一次云。

9月9日　星期一　晴

職務

下午，舉行董監第一次聯席會議，開會前何主席並
到行一行，開會後因有一部分董監須赴他處開會，故先將
議程最後之董監互推常務一項用票選方式產生，果如昨日
何主席之所指示，且票數極集中，余與趙季勳氏各九票，
乃全場一致選舉者，餘差一兩票不等，又選出趙氏為董事
長，余為總經理，呈部派任，繼報告並討論，余對各種業
務計畫與進行情形均分案作詳細說明，於存放利率一節尤
詳，僅靳鶴聲於利息及待遇略有意見，但終均平妥通過，
飯後散。

9 月 10 日　星期二　晴

師友

上午，崔唯吾先生乘中央機飛返南京，師友均集余
寓送行，十一時至機場，送行者廿人左右，崔氏此次來
濟對企業公司事最多貢獻，對本行則對昨日所討論之利
率問題與員生待遇問題均有贊助，本行已有措施之詳盡
表示，使全眾均能釋然於當前之若干誤解，惟未當選常
董為遺憾耳。

交際

今日為夏曆中秋節，行內照常辦公，中午約三數友
人如宋志先、古質文、陸嘉書、畢鴻遇等吃飯，晚應大德
通戴經理正卿之約與德芳同往赴宴，又往返餽贈甚多，余
贈崔唯吾先生真肥城桃一籃。

9 月 11 日　星期三　雨

師友

上午，訪林鳴九兄，探視安慰其太夫人之病，並談
及介弟樹五定明日結婚，一切簡單，不願鋪張，又林兄此
次在青調處張振玉、陸嘉書兩人之糾紛甚費周章，余亦表
示謝意，林兄意兩人勉強彌縫，不可以久，余意在使陸將
其經手事項得有自然結果，且目前無法調度，只好稍緩圖
之云。

交際

晚，華慶麵粉公司楊經理竹庵約宴，皆為銀行及紗

廠中人，李書忱會長在座，談及促成銀行業成立公會事，
自屬切要之圖，余將從旁策動，因各行有推余為理事長之
表示也。

9月12日　星期四　晴
交際

上午，聞林鳴九兄之太夫人昨夜逝世，特前往慰
問，並參加商討治喪事宜，上午先將訃告發出，並將大門
挖開下午入殮，晚余應宋正軒兄之約至其寓所便飯，飯後
同至林宅與事前約定之友好十餘人商談治喪之事務分配，
歷三時始一切部署就緒，職務分配於總辦、副總辦六人之
下分招待、內帳房、外帳房、押櫬、管廚等，明日即發帖
邀請，余任招待副主任及文書之一部，又鳴九之弟樹五本
定今日結婚，因喪事延後，新娘曾來弔祭，並要求送喪，
僉以為於禮不可云。

9月13日　星期五　晴
家事

與德芳年餘分別，此次聚首，極為愉快。
交際

晚，同業聚餐由大陸銀行召集假上海銀行舉行，順
便談及電業公司押款與薪給報酬所得稅之扣繳範圍問題。
晚，張敦鏞、李書忱為會計補習學校事宴客於青年食堂。

9 月 14 日　星期六　晴

交際

上午到林鳴九兄處幫忙為其太夫人治喪，事前曾接得紅帖約今午吃飯，此係約請執事人員之應有手續，其請柬具名處係將紅紙挖空，補以黃紙，黃紙上黏紅簽條，適將孝子姓名掩住焉。

職務

財政部對本行董監事派令已到，係用封套寄至本行，註明請本行轉發字樣，內計董事十三件、監察人七件，除對趙季勳與孔令燦二件加有指定為第一次董事會與監察人會之召集人字樣外，其餘皆為派某某人為某某職，但營業執照與核定之章程條文則尚未到。

9 月 15 日　星期日　晴

交際

上午，林太夫人開弔，余往任副招待主任，弔者盈門，余任客廳組，其餘為迎送、飯廳、飲茶、聯絡等組，又有內外帳房，分司文書、庶務、出納、收禮、車輛、衣帽等事，總其成者為正、副總辦。

師友

周壽民夫婦來訪，余未遇。下午，季獻之夫婦來訪，同外出訪銀行界經理、副理等夫人。下午同德芳訪趙明遠、林毓祥夫婦、張之燊夫婦、丁基實夫婦、林建五夫婦、謝松雪夫婦、李公藩夫婦、洪小東夫婦等。李星可夫

婦來訪，不遇。劉道元夫婦來訪，不遇。

9月16日　星期一　晴
交際

中午，林太夫人起靈，友好均來送殯，余亦往，由經四路緯六路起，旌亭遺像亭前導，輓聯花圈隨之，送喪者在後，以次為孝子及靈柩，步行由經二路至緯二路南行，至經八路止，凡路祭六次，余參加登州及棲霞同鄉兩壇，至此多數來賓謝步，較有友誼者則登車至墳地，於靈柩浮厝未蓋土前行禮而返。晚，銀行界經、副、襄理及夫人在上海銀行舉行聚餐，並歡迎余與季獻之經理夫婦，凡三席，極一時之盛。

9月17日　星期二　晴
職務

上午，舉行會報，討論各分行處之管理問題，因各行處次第成立後待糾正之事項甚多，必須慎之於始也，討論結果，關於開支之緊縮與支用標準，務須各單位切實劃一，開辦費預算均須事先擬定，平時開支亦當核實並謹守管理費部分之預算，關於米貼代金由總行核定數目，絕對不得按當地米價折發，又各行處主管人與行員須因公來省必須事先陳報，凡無案者稽核科不予核銷旅費，行警役待遇亦須劃一規定，以上違抗者均予處分云。

9月18日　星期三　晴
職務

張店辦事處業已開業，當地工商凋敝，在交通未復前難有發展，此刻僅設法吸收軍隊存款，並謀濟張間匯兌之調整與溝通，實際無何可以牟利之事業。聞膠濟路日內可以由濟南通至坊子，則東段繼續修復之可能甚大，設能全線通車，則張店秋柿上市，大可活動也。省臨時參議會訂廿日開第二次大會，對民生銀行事仍在醞釀復業，此事固與本行無關，有關者僅目前所租用之房屋耳，又聞參會此次有與政府更加對立之企圖，但亦有反對與中立者。

9月19日　星期四　晴
職務

上午，到省府與牟尚齋、趙季勳兩兄會同召集黨政革新運動財政問題研究會，討論本省財政金融之革新方案，發表意見者甚多，余就地方攤派及金融全般問題有所發揮，歷二小時會畢，推定余與張會川、劉大文、高月霄、孫心田起草文字，下午在本行再作一度集議，將執筆人加以支配，金融部分由高君起草，余指示要點。

師友

下午，韓世元兄來訪，即將赴京滬一行，余託其代刻本行董監兩會官章並買被單。

9月20日　星期五　晴

職務

　　上午，以來賓資格參加省臨時參議會第二次大會開幕典禮，由裴議長致開幕詞，演說者有王司令官耀武、何主席思源、龐主任委員鏡塘，並由周參議員幹致答詞。在何主席致詞中，有反對政府之參議員孔芸生中途退席，口出不堪入耳之言，幸稍遠者未之聞知，殊出情理之外。王司令官之演說為報告軍情，言簡而意賅，頗使聽眾精神為之一振。下午，訪劉健夫經理於中央銀行，渠將於明日赴京出席該行全國業務會議，余提出本行透支與代庫事請其注意。

交際

　　下午，答訪山東區直接稅局高副局長大可，並訪湯人絜同學及其夫人。答訪七十三軍軍需處長及山東工鑛管理委員會副主任段守正，不遇。晚，同業聚餐，由東萊銀行邀請，地在上海銀行。

9月21日　星期六　晴

交際

　　晨，到中央銀行託劉經理健夫於赴滬之便代為修理新購即生障礙之派克51鋼筆兩枝，適渠立將動身，余乃亦送至飛機場，同車前往者有該行古質文副理及劉經理之夫人。

職務

半年來總行營業頗稱活潑，在資金多缺無定之狀態下為短期而有效率之運用，可謂已盡最大之努力，此節不能不歸功於韓仲鑒科長之忠於職責，惟內外不無閒話，無非謂放款有所偏枯，本身開支太大，或有不實不盡之處，又此君鋒鋩太露，車輛招搖，亦易使人側目也。

9月22日　星期日　晴

師友

上午，李公藩兄來訪，談關於其所辦德盛昶銀號復業後商洽通融款項事，余允隨時商做貼現，渠則希望訂約透支。下午，訪商務書館張副理蔚岑，以友人所贈印石一對請其鑑定可否持贈沈炯齋老先生，渠以石質太新，認為不愜，謂將代余覓求之。下午，同德芳至鐵路局第三宿舍訪李處長星可及其新夫人寧萱女士，閒談。下午，與德芳先後至城內東關、南關一帶訪傅處長立平夫婦、許委員星園夫婦、劉明順兄夫婦、王鳳山兄夫婦，為拜會性質。

交際

下午，同德芳至東關訪何主席及夫人，均不遇。晚，應華子修李淑英夫婦之約在大華醫院吃飯，到者皆德芳之女師同學及其夫君，計有鄧芳林、吳玉珍、孫世英等女士，九時半始散。

9月23日　星期一　晴

交際

今日為韓兆岐兄太夫人七十晉五壽辰，事先與牟尚齋、劉明順、高注東、孫化鵬、宋志先諸兄合送壽席兩桌，中午與德芳及紹南、紹雄兩女前往，先行拜壽行三鞠躬禮，然後入席，韓兄出入招待，極為繁忙，飯後並與來賓共十餘人合攝一影，至下午三時始散。

家事

此次德芳來濟有若干事顧慮周至，處世經驗之深，為前此所無，殊予人以良好印象，且更增余相愛之忱也。如對於訓南初無與之相見之心，此次到濟即決定召之使來，以盡為母氏者之責任，雍容大度，極可欽佩也。

參觀

傍晚，同韓仲鑒夫婦與譚慶儒科長至第一造紙廠參觀，此係第二次前往，雖已開工，但因時間已過，未見其工作情形，德芳及韓太太原欲採訪大塚之家庭，因彼無準備而罷。

9月24日　星期二　晴

體質

凌晨腹內感微痛，且隆隆作響，旋即洩泄，至中午止凡四、五次，排出物作消化不良之狀，先是數日來糞便即感不暢，有時每日數次，但為量甚少，腹內感氣脹，今日本送紹南至省立醫院檢查身體，余亦即順便請一張大夫

為處方一劑，內含甘汞蘇打等，今日服兩次，夜睡甚暢。

交際

　　晚，中國銀行周壽民經理夫婦請客，首座為李處長星可夫婦，此外即為崔永和小姐、楊太太、季獻之夫婦、王鳳山夫婦等，余雖微疾而胃口不變，僅食後覺倦耳。

9 月 25 日　星期三　晴

職務

　　省參議會第二次大會日昨為趙廳長之財政報告，因其中包含金融，故質詢案亦有關於本行之事，重要指摘可謂毫無，僅提出兩種，一為本行員生待遇太高，謂自十七、八萬至七、八十萬；二為放款利息太高。趙廳長解答此項待遇係受國營銀行之影響，董事會曾加討論，以後或再整調，放款利息係分別對象，最低只三分，最高則十分，云云。又各參議員多著眼於民生銀行復業問題，有謂財部不准係受本行之影響者，趙廳長答絕無此種影響云。

9 月 26 日　星期四　晴

職務

　　今日各銀行所聯合辦理之儲才小學舉行開學典禮，事先邀有關人員前往參加，屆時余與德芳前往，余以董事資格訓話，勉以下一代做人較此一代為更有責任，即自己做好人，尚須有法叫人亦做好人，德芳以來賓及學生家長資格演說，鼓勵力行，此外董事演說者三、四

人，十二時散。

娛樂

晚，與德芳至北洋戲院觀劇，為新角荀派青衣花衫許翰英之繡襦記，此劇余初次觀覽，情節不甚緊湊，許伶演來則甚佳，身段唱工均好，但小動作頗有許多過火處。

9月27日　星期五　晴

職務

晚，在中央銀行招待同業聚餐，席上中國銀行周經理壽民談本行集成里宿舍產權問題，余表示接中央行來函後已轉請省府核示，該房本行接自偽魯興銀行，該偽行係買自青島中國銀行者，如處理局認為係應發還，本行絕無成見，惟魯興銀行之清理一因該行分支行處多有下落不明，二因中央銀行亦插手其一部分，故無法下手，恐此事之最後結果不免糾纏云。

師友

商務書館張副理蔚岑來訪，代買陳墨一盒。財部秘書劉階平來訪，約後日午餐。

9月28日　星期六　晴

職務

最困難者為用人，余於連日來深切思考，並將行內人事詳加分析，覺行內只有兩種類型之人，一種為但求無過不求有功，此種人支撐門面有餘，開展業務不足，另一

種為對公事熱心對私事亦經營，前者流弊少，而後者副作用太多，復不能一定因噎廢食。除此二種人以外，欲尋只求為公不沾私事者，可謂絕無僅有，即以前隨余在皖認為可以有共同志趣者，則亦多轉變至不可名狀，曲高和寡，余恐有此毅力與認識者僅余一人，社會風氣如此，可勝浩歎哉！

交際

下午，交通銀行季獻之夫婦與王慕堂夫婦請客，在座除余與德芳外，即為鐵路局李星可夫婦、李材料處長夫婦、黃秘書家瑞夫婦及中國銀行周經理壽民夫婦等。

9月29日　星期日　晴

游覽

晨，以電話約張景文兄夫婦及劉健夫太太同游千佛山，余與德芳、紹南、紹雄先乘車至劉寓，約劉太太至張寓，然後乘車兩部經經八路直駛山麓，步行登山，回憶初夏曾來此一游，流光不居，已屆秋高氣爽之候，就寺內休息飲茶吃水果後，循東邊石徑下山，往返費時僅兩小時耳。

交際

中午，劉階平、李公藩兩兄聯合宴客，係吃濰縣和樂，凡兩席，飯後與趙、李兩廳長、張副處長等閒談教育、財政、行政積弊等問題，三時始散。晚，宴客，到者建廳視察杜華梓、益都縣書記長魯菊生、省府參議劉化

庭、侯耀庭、財部秘書劉階平、本行濰處主任史紹周，未
到者八區專員張天佐、膠路特黨部主委王平一、委員宋正
軒、李班庭等，今日所請多半為益都、濰縣方面者。

9月30日　星期一　晴

家事

德芳今晨回青州省親，攜紹雄與俱，七時半送之登
車，準時開行，今日只能到達張店，明日換車赴益都，紹
南因在校就讀，故未往，由余照料其一切，因已漸長，不
覺難捨其母也，但紹南十一歲矣，此尚係初次，與余十一
歲別家至煙台升高小年齡正同，已廿餘年前事矣。振弟來
信云，其所經營之商業因曾向青行貸款，陸嘉書與其洽定
提成辦法，最近振弟在滬將所結盈餘撥其家一百九十餘
萬，渠對振弟尚如此，其他向借戶需索之事恐仍不一而
足，此人處世則驕，持己則貪，致無論在何處做事不能有
一年以上之局面，余恐其終無前途也。

娛樂

晚，應吳司令斌、林局長建五約觀許翰英演「香羅
帶」，乃荀派戲，余初次觀，平平。

10月1日　星期二　晴

職務

　　因各行處頭寸彼此間缺乏明瞭，致造成浪費脫節之事，事後補救，多費心思，如濰縣辦事處數月來多款，近則變為缺款，而張店辦事處不知之，前日匯兩億元至濰處託解，復因張店情形稍緊，即派人送款來濟，送款之日亦即總行派人至張提送濰縣之日，火車錯過，致此款運到後又須折回張店，續送濰縣，如此周折，浪費人力物力多矣。張振玉發表青島分行經理，半年之久始行到任，報旅費九十餘萬，又因辭皖地行職已半年，薪給無著，前曾來信表示後悔，余覆函謂公家無法負擔，設需由余個人補助，可以付余之帳，渠果以報單轉來二百九十餘萬，此人之注意金錢不顧情面，與陸嘉書可相仲伯，該報單積壓良久，余實無力量亦無理由可以補助，今日與譚慶儒、韓仲鑒兩科長研討，即由韓君代函退還，敘明果有其事，但余甫在籌措之中，目前無法轉帳云，又旅費太多，稽核科亦商洽核減中。財廳孫科長來談中國銀行索魯興銀行集成里房契事，余意應由處理局在處理該偽行時整個解決。

交際

　　晚，協成銀號呼經理與財政部劉階平秘書請客於石泰岩，在座有齊大吳校長等。

10月2日　星期三　雨

師友

蔣仲芳君來訪，談最近由益都返濟，行前德芳家遭訟累，兩老均為縣政府拘押，緣鐸接廟住宅曾於偽組織期間變賣，八路軍佔據時期買回，第一次買主向收復後之縣政府控告，余乃函牟尚齋兄請函該縣關縣長主即釋放，並遇牟兄面託，收復共匪此類產權糾紛恐不在少數，政府能否掌握民心，此不失為重要關鍵，聞益都縣府進城後屠殺附共青年甚多，與政府大政方針相背。

職務

下午，參加省臨時參議會之閉幕典禮，空氣已不十分緊張，綏區賀參謀長報告軍事最為生色。

10月3日　星期四　晴

交際

中午，參加劉階平兄與馬士貞女士之訂婚典禮於勝利大廈，由證明人趙季勳致詞，到雙方親友二十餘人，馬女士為濟南人，大學肄業，頗端正，其姊尚未嫁，妹則先字，殊出乎理之常。晚，與中央、中國、交通、農民四行合請綏靖區司令部各處長及正副參謀長、防守司令部正副司令及警務處長與黃河水利會脩防處長等，凡兩席。泰安李縣長英豪來訪，談用人問題，余將桂競秋氏所介紹之趙逸生君介紹佐治，但後詢趙君對泰安事有難言之隱，乃作罷。

10 月 4 日 星期五 陰

職務

目前業務上重要問題仍為吸收存款，因現在存款上之餘額上落太甚，準備太多，因而放款趨重於數日期之貼現，此絕非應有之中心業務也，匯兌方面則自各行競相降低匯水以來，利益甚少，又大數匯款則因限於省外同業存息太低，不能大數存放，因而不能承做，故數月來收益甚少。今日同業聚餐在中國銀行舉行，此次為人數最少之一次，該行預備兩席，僅到半數。

10 月 5 日 星期六 晴

家事

德芳已於今日下午由青州返抵濟南，據談青州收復後冤冤相報暗無天日，其兩弟均已為八路軍裏脅以去，於是因以前被迫出賣房屋在馮仙洲八路政權時其復行收回者，再度成為爭執對象而涉訟，其中頗有詐欺之成分，決定運用各種力量，使縣府不得倒行逆施，由此亦可見外縣之種種黑暗矣。

師友

上午，林鳴九兄來訪，係丁憂後之答謝，便中談及李書忱因電業公司涉訟事，認為應慎重處理云。

交際

晚，林建五兄約宴，主要客人為長清韓仲衡君、平原張隆吉君，席間轉羹匙為令，余竟負三次，每次一茶

杯，為即墨老酒，連小盅合計，足有二斤之多，但亦覺有
八成之量，半夜即消解。

10月6日　星期日　晴

師友

上午，訪商務印書館張副理蔚岑，並同至鞭指巷霍
介秋古董店參觀其所藏康熙陳墨，又持張兄以前代買之墨
八錠至舊軍門巷備贈沈寶瑩炯齋老先生，至則知沈氏因感
不適，曾以字條擋駕，余乃將墨交張君託其代轉。下午，
同德芳至七大馬路訪李書忱夫人，慰問李氏看押法院事，
又至李仙洲司令官寓訪李氏及其夫人與張隆吉兄，並訪中
興商行張卓然兄，均未遇。

交際

中午，參加朱科長澤生公子之結婚禮，趙廳長季勳
為證婚人，賓客甚多，飯後返。

娛樂

下午至新濟南電影院看「女戰士」，此片即余在渝
所看之The Fighting Lady，為一航空母艦之戰鬥史，但茲
係中文版，說明全用京白，譯述流暢，而富刺激性，附有
新聞片數本亦佳。

10月7日　星期一　晴

職務

濟市各銀行所吸收之存款多半皆由中央銀行轉拉之

機關存款，或則係各行間互相拉攏同業之存款，故競爭關係極為激烈，中央銀行現在對抗之法即為限制付給現鈔，不曰運款不到，即曰印鑑不符，對各行轉存該行之款予以留難支付，此種情形以對交通行為特甚，但本行亦感受之。又現在本市銀號十分眾多，票據收解亦為最大困難，該行為表示負責及集中各行號準備，應即成立交換機構，此為控制同業頭寸之重要方法，惜該行對此猶欠缺注意，僅知枝節，惜哉！

10 月 8 日　星期二　晴
職務
上午，舉行會報，討論各科間之聯繫問題，同人對捐款及婚喪之酬應限度問題等。張振玉任青行經理，發表後半年始到，所報旅費包括數度至滬候船，又將在此期間之應得待遇報付總行，其根據為係奉余之指示，實則余僅對其表示由余以友誼關係負責補助，營業科將報單退回後又復寄還，今日各科商洽結果決定先付暫付款項帳，然後由余或由彼之獎金扣抵。
交際
晚，牟尚齋兄夫婦約宴，到者有丁廳長基實夫婦、龔書記舜衡夫婦及楊書記長展雲夫婦等。

10月9日　星期三　晴

交際

午，林鳴九兄在寓宴客，為酬答介弟結婚賀客者，並補行照相。晚，張慎脩、楊孝孺請客，余與德芳往。

10月10日　星期四　晴

師友

上午，余至皇亭參加慶祝國慶大會，散會後訪孫化鵬兄於天地壇街，又訪華子脩李淑英夫婦，德芳先期在其醫院等候，略談即辭返。下午，張隆吉、賈和甫兩兄來訪，閒談。

交際

晚，約宴孔監察人令燦，作陪者有孔令瑢主任、楊鵬飛書記長夫婦及劉委員啟民等。

娛樂

下午應邀在鐵路局禮堂參加慰勞總會游藝會，為許翰英演全部紅娘，唱做均有可觀，此係荀派作品，余初次觀，晚同德芳至大觀電影院觀「清宮外史」，因太擠，半小時即返。

10月11日　星期五　晴

師友

上午，徐希真兄由濰縣到濟來訪，談其在濰經商情形，並將來之志願，歷兩小時，午飯後辭去。高注東兄謀

為此間中國農民銀行經理，已由龐鏡塘氏電陳果夫先生保薦，希望余亦對陳氏有同樣建議，余因礙於同業情面，覺有不便，允與牟尚齋兄等列名共同表示。下午，吳子庸先生來訪，該商業學校將換聘商科教員，余允設法物色，又為謀縣長事約改日同往訪劉道元廳長。

職務

下午，參加全省商聯會籌備會，余與劉大文科長為應邀幫忙提供方案，備該會提交代表大會，採撥交所選參加全國商聯大會代表攜京備用者，決定在十五日以前完成。財政部對本行所呈章程草案已核定，咨由省政府連同營業執照會發到行，經此一年周折，本行根本手續始告一段落。下午到省田糧處訪新任鄭處長希冉，道賀，並訪張副處長之棨，均不遇。

交際

晚，同業聚餐由中國農民銀行召集在上海銀行舉行，原輪次交通銀行因故對調至下週。

10 月 12 日　星期六　晴

交際

中午，張參議員曦如宴客，在座係省府及參議會人員等，意在為北洋輪船公司設法籌募股份，牟尚齋兄謂省府可以投資，余謂貸款無問題，但投資受部令按銀行資本額最高四分之一限制，已全數投放企業公司，恐不能參加云。晚，林建五兄請余與德芳吃飯，到者尚有謝松雪兄夫

婦、林毓祥兄夫婦、林樹五兄夫婦，余因事牽，致到達較遲，七時始入席，九時始散，精神覺不濟。

職務

　　上午，趙季勳、丁基實兩廳長及水利局王局長來談綉江河水利貸款事，將與中農行會商辦理。下午，丁廳長約中國、交通兩行及本行與博山礦業有關人員商討中、交兩行礦貸三億事，決定由合格礦商出票，本行承兌，兩行貼現，後日由廳及本行前往調查信用，確定貸額與方式對象等。

10月13日　星期日　晴

師友

　　上午，張景文兄夫婦來訪，談達信會計學校聘教員事。下午，李公藩夫婦來訪，李兄談最近各銀號動態，其中應改善注意之點極多。晚遇許星園兄，以青州產權糾紛案面託其函關子箴縣長。

娛樂

　　晚，應張景文兄之約與德芳至北洋戲院觀劇，為許翰英所演「雙妻鑑」，廣告云係聊齋誌異故事，但不知其篇名，此劇情節比較離奇，但不無鍼砭世俗之意義，凡一小時半始完。

體質

　　鼻炎甚劇，作噴霧吸入兩次，中午並服硫酸鎂一劑，凡瀉三次，並靜臥休息睡眠一小時。

10 月 14 日　星期一　晴

交際

上午，訪蚨聚長銀號俞經理冠五閒談。上午，到李滌生科長寓弔其母喪。上午至李書忱家唁其夫人之喪，李氏尚未由法院保釋，傍晚來電話謂已釋出，再度訪談，其妻喪發引之期當俟其子由青島回濟始能確定。上午訪青島來濟之交通行王經理，聞已赴平云。

師友

下午，聞志先兄夫人周淑明女士由青島來濟，乃往訪，十數年不見，已衰老多多，流光可畏也。

體質

三數日來染患感冒，今日始覺較好，但鼻腔仍有凝涕，喉內有痰，以晨起為最甚。

10 月 15 日　星期二　晴

職務

晨，參加商聯會代表大會開幕式。趙季勳廳長來談何主席個人開支困難，須設法挹注，余謂皖省成規絕不可用，如有資金可撥，代為運用，尚屬一法，目前燃眉之急為臨時籌借，決定由廳先向行借五千萬，又以前府令墊解上半年盈餘，因不能充此用途，決定作罷。

交際

下午，華光日報柏俊生、劉曉波請客，準備出版事宜。晚，應張靜波邀宴，孔瀞庵首席。

娛樂

晚，參觀商聯會舉行之游藝會，戲目為許翰英之紅樓二尤，連飾兩角，功力尚佳。

10月16日　星期三　晴

職務

人事上之應付在機關首長所費之心思中所佔獨多，因無一成不變之方法與原則也，一年來未加用女行員，凡所薦者皆以各種理由謝絕，此次孔監察人瀞庵來濟，昨日力薦王子愚之女蘊華，今日且引來見面，余囑其自書履歷，移時取來者仍為其父之代筆，孔氏固有類多管閒事，但彼係行內之人，決不能不加理睬。下午余與趙季勳董事長通電話，謂為免除對外發生困難，希望對外能作為董事會所添，此類事最令身為主管者煩惱，因明知不合理卻必須為之也。

10月17日　星期四　晴

職務

近來官廳人員窮極無聊，公款生息方法日多，最能利用此種心理者為風起雲湧之銀號，此輩可用六至十分之高利吸收存款，故本為銀行之存款為銀號所吸收者極多，各機關更有設法向銀行以低利借款，以供其臨時周轉者，蓋存放銀號不能立即支取，在緊急時即不能不求此途，實變相套用銀行資金也，惟此種借款人多為經手款項之機關

或文化事業，其中多雜拗官僚資本公私混淆者也。

交際

　　晚，到德盛昶銀號參加李公藩夫婦之宴會，在座有
鄭希冉、宋志先夫婦及余與德芳等。

10 月 18 日　星期五　晴

職務

　　上午，到飛機場送何主席因公赴京，十時前往，
十一時半始返。午，趙季勳、孔瀞庵請客，並追開監察人
會一次，追認前次董監聯席會議所推選之常駐監察人，因
財部指定孔為首次召集人也。

師友

　　下午，同德芳及紹南至城內大華醫院訪李淑英女
士，本擬請華子脩兄診鼻疾，但不在。

交際

　　晚，同業聚餐在交通銀行舉行，順便研討最近同業
間若干對外問題，大致決定獻撥為委員長祝壽事候各界
催促再議，又電業公司貸款轉抵押事中央銀行尚未完全
洽妥。

10 月 19 日　星期六　晴

交際

　　李書忱夫人今日開弔移靈浮厝登州義地，上午同德
芳前往弔祭，並與書忱閒談其訟事，移時即辭出，下午一

時出靈，余至時已出動，乃至緯二路參加登州同鄉路祭，
送至八大馬路而返。

師友

　　上午，邱崑圃兄來訪，談將由公路處被裁，希望能
予以按插，余允籌劃，下午並約邱兄至寓與德芳研討青
州產權糾紛案之法律觀點與步驟，並留晚飯，談良久始
辭去。

體質

　　鼻腔因發炎未癒，流涕不止，壁上有創傷處，出黃
水，日用手絹全沾滿，今日略結痂。

10月20日　星期日　晴

交際

　　中午，參加高等、地方兩法院宴會，到者包括黨政
軍各界四、五十人之多。中午，參加張隆吉、林建五、賈
和甫、張耿生四人合宴，主客為孔瀞庵先生。晚，參加趙
季勳廳長與孫拙民處長之聯合召宴，到者多省府廳委，首
座亦為孔瀞庵先生，因孔氏明日回京，故宴會特多。

師友

　　下午，到大華醫院訪華子脩李淑英夫婦，德芳率紹
南、紹雄等亦先在等候，傍晚約同游四里山，余因另有約
會故未參加。下午，牟尚齋、高注東、劉明順、孫化鵬在
余寓商討卅一日蔣校長誕辰在濟同學之紀念辦法，決定遵
照同學總會所定辦法，用冷金或虎皮宣紙簽名致敬，聚餐

事因該日其他宴會必不在少，故決定作罷。牟尚齋兄談及前日何主席啟程赴京以前，曾召趙翔林副總經理，謂以前貨棧借款購買處理局火柴事閒話太多，渠為副總經理何以不問，其意似對余亦發懷疑，殊不可解。又對於調款至省外亦有微詞，而過去周心齋所辦銀號利息爭執事直至周入獄以前，仍時常提及，但並非何氏有何成見，皆別有用心之輩中傷以便利其私圖者。牟兄甚消極，並謂何氏赴京有請辭主席之意向云。

10 月 21 日　星期一　晴
師友

上午，至飛機場送孔瀞庵先生回南京，孔氏來濟尚未長談，今日余車中略伸余對山東政局之意見，認為此局面固不易改善，而惡意拆台者亦未始非一種最大阻力，恐整個言之，非山東人之福，且易促成外省人之重來主政也。在飛機場與趙廳長季勳詳談行務，所涉及者有近來至主席處惡意中傷者之不值一笑，董監會成立後應行籌劃事項，如章則、定期開會及權限等之擬定，又民生銀行成立籌備委員會向本行撥用房屋之應付辦法等。

10 月 22 日　星期二　晴
交際

晚，宋正軒、裴鳴宇、趙季勳、牟尚齋、劉道元、劉幼亭及余在本行合請高等法院胡院長、劉首席、地方法

院周院長、劉首席，並由裴氏單獨具柬請參議員七、八人
為陪，意在為李書忱訟事表示公道，蓋李事由參議會內部
糾紛而起，今有若干參議員參加，知李之同情者實多，至
主方七人則亦皆為李氏不平者，此事之方式係前日宋正軒
所設計，因在法院審理案件之間，既不宜前往說項，更不
可備函請託也。裴鳴宇議長之封翁逝世，上午至裴宅弔
唁，至則知已動身回青島奔喪，欲至飛機場相送，又詢知
業已起飛矣。

10月23日　星期三　晴

職務

自何主席赴京，省府改組之訊甚囂塵上，昨晚余已
知政院昨會通過，何氏調長北平市，而以王司令官耀武兼
代本省主席，今晨接祝廷琳兄來電話云，何氏中午回濟，
及余到行，接訊須十一時後到濟，旋牟尚齋兄來訪，談今
晨王司令官耀武已召集各廳廳長談話，囑安心服務，渠決
不用外省人組織省府云。牟兄謂準備辭去，事實上幕僚長
固非如此不可，但余意如王氏懇留牟兄，必將調以一廳，
否則即係敷衍之詞也。移時同至飛機場歡迎何氏回濟，至
十二時始到，歡迎人員甚多，因值中飯時間，故均分頭散
去，未晤談。

交際

晚，請李星可處長及夫人寧萱、宋志先處長及夫人
周淑明，又交通銀行季經理、王副理兩夫婦及李子駿兄

吃飯，客到甚晏，而所備之酒又不佳，臨時馳援，頗不
圓滿。

體質

　　鼻腔不適已一星期，數日來為防止其繼續發炎流
水，故忍受其阻塞，僅於流涕至鼻端時以手絹輕拭之，
故破皮處已結厚痂，惟晨起流黃色涕液一次，且咳時有
微痰耳。

10月24日　星期四　晴

職務

　　下午，到財政廳出席民生銀行清理委員會，所討論
者仍多關於房產問題，其中有更重要者為自民生銀行復業
籌備委員會成立後兩會間之關係問題，決定仍由此會管理
舊有帳項房屋以及其他資產負債等，余亦如此主張，蓋此
中有一不便明言之理由，即籌委會之產生為省縣參議會同
鄉會所推舉，實不若清委會之有法令根據也。會後已七
時，由趙廳長召宴於沂州小館，順便談及省府交接中之資
金周轉問題，因中央欠發經費須月底始可撥到，故一星期
內須另有轉周之方，現除已向各紗廠借一億元，由廠向本
行舉借外，另備一億備用，故本行須有二億元準備，月底
前一切放款停止，多頭寸之行處運現來總行供用，僅青行
準備將市庫移交青市農工銀行，恐函電洽商從緩不易達到
目的，仍須準備數億頭寸，尚費周章耳。

10月25日　星期五　晴、夜雨
交際

晚，同業聚餐在本行舉行，討論銀行界獻撥為蔣主席祝壽事，本市籌備會原定為五千萬元，但青島各行為國家銀行二百萬，其他銀行一百萬，本埠同業最高限度亦只能以此為準，因青島多分行而此間多支行也，決定後由余明日開會交涉；今日聚餐因趙副總經理臥病，兩席由余一人陪，客有謂本行何不設襄理者，余即謂決不能因吃飯而設襄理，衝口而出，初未料大有語病，而中國行王襄理適在余所陪之席也，此等失言，雖出無心，後亦當避免。

師友

王玉忱夫人張立青女士來訪，囑函催王兄返魯。李班庭委員來訪，答謝病中贈食之意。

10月26日　星期六　晴
交際

中午，與德芳至交通銀行參加兩行聯合宴請何主席夫婦，並請其男女公子各二人，又請龐鏡塘主任委員夫婦作陪。晚，應譚訏民夫婦之邀與德芳同往吃飯，在座有宋志先、洪小東夫婦等。

職務

因供應省府交接期需款，停止放款，並儘量吸存，今日與鐵路局接洽撥存一億，又與黃河水利委員會山東脩防處綦秘書接洽撥存兩三億，渠允回處與關係人員商洽手

續，因該處在中央銀行存款頗多，但開公庫支票時須有正當用途註明，否則有時拒付也。青行市庫勢將移交，張經理來信已表示將來業務進行困難，要求調運現款赴青，頗費張羅。

娛樂

晚與德芳、紹南至大觀園觀馬莉珠、韓少山義演探母回令，因到遲，由中間看起，尚佳。

10 月 27 日　星期日　晴

師友

上午，與李委員班庭同訪牟尚齋兄，移時不期而集者有韓世元、牟采庭兄等，詳談牟兄此次省政府改組後之出路問題，牟兄認為此刻與何主席能善始善終，殊為圓滿，目前縱王新主席有意，亦以不再參加新職為宜，將來代辦移交藏事後即籌備奉派出國考察，亦屬良機云。

參觀

下午，同德芳、紹南、紹雄等至南關廣智院參觀，十年前余曾往，內容與前無大出入。

交際

晚，應恆豐銀號劉、王兩經理之約至勝利大廈吃飯，在座有交通行經副理、警備旅王旅長等。

10月28日　星期一　晴

職務

　　現在魯局雖漸好轉，但經濟殘破之餘，金融業究應如何，尚待探索，最困難者為資金與人事，行內存款幾全賴省府，其他機關多為銀號所高利吸收，故僅能保持十億以上之餘額而已，人事方面總行已漸有各科間不能步調齊一之象，而青行兩經理互訌後，陸去張獨在，亦有把握不住，徒知向總行多提不合理要求之現象，如此情形，設單位再行擴充，恐更不免若干扞格之發生也。

交際

　　晚，洪小東兄夫婦在開樂飯店請客，到者除余與德芳外，為李公藩、宋志先、譚訏民等夫婦。

10月29日　星期二　晴曇

職務

　　余每日在行八小時以上，而空閒之時極少，其中多半用於會客，甚至當日報紙須待晚間閱看，而朋友來信積壓往往彌月，刊物雜誌更有延至半年以上未讀者，殊感負擔之沉重，此種情形為余若干年來所無，尤其晚間有電，往往以收音機怡情，調劑精神，亦使時間格外不易足用也。

娛樂

　　晚，應鐵路局、電信局、郵管局三方面之邀，至鐵路局觀七七劇團演玉堂春，大致尚佳。

交際

晚，應慰勞總會邀至省府大禮堂舉行歡迎王主席、歡送何主席大會，飯後有游藝，先退。

10 月 30 日　星期三　晴

職務

上午，趙翔林副總經理談及何主席因北平市銀行尚未恢復，情形有待明瞭，約彼至後日同往一行，此間請假四週云，余囑其希望早返，一面陳明董事會。下午趙廳長季勳來談主席虧空正多方設法彌補，在行所借五千萬，將先還三千萬，餘兩千萬將來設法籌還，又談及成立儲信部等事。

交際

晚，舉行慶祝蔣主席暖壽聚餐及游藝會於政治部大會堂，布置甚為堂皇，到者近三百人，包括各機關及各界，游藝節目為七七劇團齊蘭秋之麻姑上壽及全體演員之甘露寺等。

10 月 31 日　星期四　晴

職務

晨，同德芳並約李委員班庭到東關訪謁何主席及夫人，並贈加力刻香煙十聽，余並提出惜別之意，謂去年係隨主席而來，將來有機仍願追隨，又詢其趙翔林副總經理隨同赴平事，何氏謂備到平諮詢，其市銀行有須明瞭者免

臨時無人，余亦表示請飭早日回濟，下午趙君來辭別，余亦將此意告知，蓋恐其去後如陷於進退兩難之境時回濟較為自然也。晨，約洪小東君到行談話，預備以其充任儲信部主任，下午遇宋志先兄，並詢其有無必須於鐵路局公路處結束仍留在路局之用處，宋兄謂無，但神情極不自然，今晨洪兄亦特別解釋關於與宋兄並非不歡而散之事，足見其中不無隔閡，但宋兄允其來行焉。

交際

晚，各機關首長在綏靖區政治部大禮堂舉行歡迎王主席、歡送何主席之宴會，到者三百人左右，龐鏡塘主席致詞，王、何先後致答詞，何氏在魯為最後之宴會矣，甚惜別。

師友

下午，在濟同學假緯二路牟尚齋兄住宅舉行慶祝校長六十壽誕紀念，繕祝詞由全體同學簽名，並攝影，未聚餐，又省府改組劉明順兄已隨牟兄辭離云。

11月1日　星期五　晴

職務

晨，到省府參加何、王兩主席交接典禮，由何氏將印信親交王氏，即席致詞，繼王氏致詞，來賓龐主任委員致詞，攝影禮成，余並先行回寓與德芳至飛機場送何氏夫婦赴北平，歡送者甚眾。

交際

晚，同業聚餐在上海銀行舉行，準備有烤鴨及菊花鍋等，為初冬別開生面之品。

師友

晚，訪牟尚齋兄於其寓所，在座者甚眾，獲悉此次人事安排頗有陰謀家力事包括造成派系勢力，以遂其私，故今日接事乃以劉道元廳長代接秘書長，而尚無中央任命，王氏實出被動。

11月2日　星期六　晴

職務

準備本行概況報告一冊，不過兩頁，自昨日屬稿並修正，直至今晨定稿，交打字員整個上午始行打就，今日已不及向王主席遞進。本行處通病為期望按插人員以人事不夠支配為理由就地添用其親友，足見為私之心極切，罔顧行內之開支與其本身決算之成績，此種風尚必以全力打破。

娛樂

晚，與德芳及紹南至大觀園觀劇，係勵志小學義務戲，由馬莉珠主演勘玉釧，尚好，但嗓音較前益欠婉潤，僅後段串韓玉姐一段為花旦戲略見做工耳，余等到時已開演，九時即散。

11月3日　星期日　晴

職務

上午，至綏靖區司令部與辦公室龍主任約定下午三時半謁見王兼主席耀武，至時前往，面進本行現況簡要報告，並為口頭申述，連同王氏詢問者計以下數端：（1）本行現有五單位，將來隨軍事進展，逐步推設，目的不在營利，而在調劑地方金融與便利政府與軍民匯兌；（2）營業方面因區域太少，同業競爭太烈，故經常掌握存款不過十至卅億，年終盈餘可有二億以上，照章分配解國庫省庫約各四、五千萬元，較之他省自為不如；（3）開幕之初，何主席以不可太政治化，應造成一種事業相勗示，一年以來本此原則進行，外間所傳本行對省府應有或已有若何裨補，實不明內容之談；（4）銀行辦理營業人員因直接接近客戶，情感作用與特種方便容或不免，外間流言不諒多屬此類，經已嚴密督察防止，主席如有所聞，望能隨時示知，以免失於查察；（5）民生銀行與本行有關事項不過房屋一項，該行能否復業尚待財部核定，其關鍵尚在民生行是否省銀行性質一點，因中央規定一省不能有兩省

銀行也，設奉准復業，自可洽讓，目前係向民生行清理委
員會訂約租用者。談竟王氏囑以後如有事時可參加省府每
日八時舉行之會報云。

11 月 4 日　星期一　晴

職務

　　晨，到省府參加會報，余因係初次，故報告關於小
本貸款三行與當地行莊各籌五億事之不易進行一端，各種
報告歷一小時始竟，王主席謂余若有事時即來參加，否則
亦可不到，僅保留位置即可云。

師友

　　下午，牟尚齋、劉明順兩兄來訪，談劉兄見及王主
席，王氏留任原職，但劉兄認為此刻不必要，因牟兄此次
被排擠不堪忍受，故對於此種陰謀家之為害地方情形必須
使達於中央，則劉兄以已經辭職之身，假赴京謀事之名，
即行南下，實為適選，余於此點亦贊同，但覺省府亦不應
放棄。

11 月 5 日　星期二　晴

職務

　　上午，到財政廳訪趙廳長談本行趙副總經理已就北
平市銀行經理職，雖未來文辭職，而此間謀劃者不免有
人，故應密切注意人選。趙氏提及孟石符兄，余亦認為相
當，晚，因棲霞縣等事應韓世元兄之約訪牟尚齋兄，復提

及此事，渠於孟兄亦認為相當，但須有適當方法提出耳。
訪省府新任秘書主任劉茂華君，談及本校同學渠多半相識
（湘籍者），並願為介紹青島中紡公司聯繫業務。下午訪
鐵路局李星可處長，商洽由京調款來濟互濟多缺事，該局
暫時無款可調云。

11月6日　星期三　晴

職務

余因本行趙副總經理翔林已就北平市銀行經理職，
接替人選極關重要，恐夜長夢多，今日再以電話致趙季勳
董事長請速促成孟石符之事，趙兄甚同意，云即接洽云。
工鑛管理委員會因出售之煤斤未收價款奇多，致周轉不
靈，向本行商洽透支款項，本行因近來頭寸不足，無法可
以照辦，但知電業公司向交通、中國、農民及本行之六億
借款尚有半數未用，故提醒該會以電燈公司名義該會本身
之押品照約支用，今日與交通銀行通電話兩次，原則上或
可不致有問題云。

師友

晚，宋正軒、劉幼亭聯合請客，到者劉明順、牟尚
齋、林建五、汪聖農、裴鳴宇等，係為劉明順兄送行赴
京，席間談此次政府改組過程中政客活動運用之伎倆，殊
多令人作惡者。

11 月 7 日　星期四　陰

交際

濟南市長王崇五今日接事，余往賀其新任，並晤新秘書主任與社會及工務局長李滌生、于皞民等。晚，因劉孝先兄將赴南京，特約在行便飯，參加者有劉幼亭、裴鳴宇、汪聖農、牟尚齋、林鳴九、宋正軒及王崇五諸兄，惟王因應酬過繁，未入席即去，餘閒談至八時始散。

起居

余因職務關係，有若干來客必須親見，見則不免浪費若干時間，致每日公事雖不甚多，而時間則不夠支配，大致現在會客及批閱公文與簽蓋表報日須五小時，會客平均三小時，故日間無暇可以閱讀書報，晚間余又喜聽收音機，加以家人談天，亦僅能將本地報五、六份涉獵一過，京滬來報曾積壓未看至一月餘，數日來積極清理，然已無暇細閱。至日記一項，本於翌晨逐日寫作，有時到行即有事務須待處理，往往積至次日並寫，現改為早點前寫，較為準確。

11 月 8 日　星期五　雨

交際

中午，侯耀庭夫婦在大成銀號請客，在座皆益都人，有王平一夫婦、杜華梓夫婦、劉化庭夫婦等。中午，青年會總幹事郭金南兄在該會請客，其他客人有王市長崇五等。下午，同業聚餐在上海銀行舉行，由東萊銀行召

集，席間並無要事商談。晚，林鳴九兄請客，為劉明順兄
餞行，在座友人與昨晚同。今日凡參加宴會四處，費時五
小時，午睡亦誤，飲食無序，殊為苦惱。

職務

　　銀行業又臨一新的難關，即財政部屬行軍政公款存
匯辦法，青島已有影響，此間恐亦不免，則公款非存中央
行國庫不可，各機關如有不肯就範而仍膽大妄為者，又為
銀號吸收，此二者均非銀行所能匹敵。

11月9日　星期六　晴

職務

　　青島經常缺款，現須續運五億元，今日請省府辦公
文致空軍站，辦護照交押運人隨帶，又因此等事以前係託
祝廷琳科長代辦，現省府無人與機場聯絡，故派儲信部主
任洪岳與機場接洽，同時又詢明中央、中國兩家運費情
形，因手續太繁，不若省府出面較為簡單經濟，較好者不
過無庸派人押運，到青後該承運公司可以直送耳。中央屬
行各機關公款存匯辦法，有若干地點已經發動，如青島即
已照辦，此事除中央銀行外，其他各行無不受嚴重影響，
銀行經營日見其難矣。

11月10日　星期日　晴

師友

　　晨，同德芳率紹南、紹雄至上海新邨訪劉經理健夫

夫婦，略談將來該行業務之動態，其關於本行者為代理國庫，免為中、交、農三行捷足先登，以收復某一地區後即先行推設單位為宜，由劉兄處辭出後順便訪問牟祖綏與孫貽蘭兩君，均不遇，乃至林建五兄處，與建五先至綏靖區政治部弔范叔寒主任之母喪，返後雙方舉家驅車至山水溝趕集，仍回林兄處午飯，林太太臨時約馬莉珠女士共餐，但始終未至，飯後韓世元兄亦至，乃同至四里山游覽，秋山宜人，流連至四時始返。

11 月 11 日　星期一　晴
職務

晨，到中國農民銀行為該行濟南分行開幕道喜。上午訪趙季勳廳長，因渠正擬外出，故約定中午在行將行內最近各事須商量者加以研討，比即前來，所談有信託部收購棉花事、董監事車馬費事、中交農小本貸款事、本行副總經理繼任人選事、各報館貸款事等。南京分行發表之副理胥傳禹已到京，但向崔董事唯吾表示不就，自當由馮有辰專負其責，此項解決於人事之應付上最為得宜。

交際

晚，赴東萊銀行曹經理丹庭與趙副理季澄之宴會，入席後始知為前數日嫁女喜筵。

11月12日　星期二　晴

師友

今日放假一日，紀念國父誕辰，乘暇分訪友人，均
與德芳同往，先至市立醫院看產後之牟尚齋夫人，因甫於
一小時前出院，不遇。到重陽賓館訪孟石符夫婦，提及渠
到行接趙副總經理遺職之事，表示歡迎。又至孫化鵬兄寓
看其初生之嬰兒。再至南關訪問陳雪南秦鳳儀夫婦、訪徐
軼千夫婦、訪宓汝祥夫人，中午返。下午再訪牟尚齋夫人
於其寓所，又訪李宗唐君不遇。

交際

晚，為劉健夫經理設宴洗塵，邀約者尚有其夫人及
中農顧副理夫婦及中國行周、王兩夫人。

11月13日　星期三　晴

師友

上午，訪高登海兄於省黨部，談渠最近調任第五區
行政督察專員，暫時不能入境，日內將先赴青島成立黨務
辦事處，兩月後回濟。至於此次省府改組，王主席之最初
秘書長人選為鄧繼禹及渠二人，龐鏡塘主鄧而排高，鄧又
被人反對，始由張占陸而劉道元，馬虎決定，足見龐之對
高兄全無誠意也。高兄又談外間對於本行放款仍多閒話，
又此次所謂黨營事業之一即釀造廠以大豆向行押款因押品
不足，已囑增加，黨部又為之不諒，如此氣度，真令人作
惡也。

6 年 11 月 | 221

11月14日　星期四　晴

職務

上午，到財政廳訪趙廳長談董監事交通費問題，決定為董事長及監察人會主席月各支十五萬，常務董事及常駐監察人月各支十二萬，其餘董監十萬，由總行簽撥報董事會，由趙兄以董事長立場將原件呈主席批辦，又關於運送現鈔至青島事，空軍站暫無飛機，將託中航公司代運，需軍事機關護照，決定與趙兄聯名簽請主席批由綏靖區司令部發給護照，以上兩件均已於晚間面交趙兄明晨代辦。訪李廳長談青年軍復員委員會來函支配三人到行服務事，據談已另有籌劃，全體撥交政工班受訓，已毋庸個別按插云。

交際

下午，張卓然兄請客，除余與德芳外，尚有朱中心夫婦、呂祥雲夫婦及馬友三君等，地點西來興，吃涮鍋，為今年第一次。晚，林建五兄宴客，首座為王市長崇五，以次有牟尚齋、宋正軒、趙季勳、張景文等，余到時已散席，候德芳由西來興來後同辭返。

11月15日　星期五　晴

交際

晚，本行同人程謙之父因明日為其子完婚事先邀余為證婚人，特在泰豐樓先行宴請，表示懇切，計到男女客三席，余未終席而退，赴上海銀行參加大陸銀行所召集之

同業聚餐。

職務

連日有若干事頗煩神，如中國銀行要求贖回集成里房屋事，如兵站佔用本行倉庫向其索還，非但不肯且強詞奪理謂該倉庫係本行佔用該站者，如電業公司借用本行煤斤遲遲不還事，皆為事不大而極其糾纏也。濟市軍政費對於中央銀行之運現負擔每月已達二百餘億，反之商業方面有進無出，故現鈔復須外運青、滬，中央銀行所收匯水較飛機運費為高，於是一面內運，一面外運，支離矛盾因之發生，中央行怨其他各行，其他各行怨中央行，莫衷一是。

11月16日　星期六　晴

職務

晨，到省政府參加會報，提出請省府轉請中國紡織建設公司委託本行在魯收購棉花事，余說明全國與全省產量，中紡在青島之消耗量，美棉不可侵奪國棉諸點，王主席極贊成，決定即由行主稿照辦，但丁廳長提出由民生企業公司合辦，王氏謂候電復後再議。又王氏順便提及各省省銀行均於省財政有所幫助，本省如何，余謂在皖時掌握資金十倍於本行，現在則國庫既未代理，即代理而稅收亦不多，機關存款則多為銀號所吸收，此種情形實當前之大難，如有資金，則以撥歸信託部經營方式代省庫籌劃，自有裨助。繼張景文會計長提出省庫實行公庫制度之必要，

惜在座者多為用款機關，不免淡然視之耳。又各機關職員
復員費據會計處報告除由阜陽來濟者外，餘如由後方延請
來濟及就地參加工作之抗戰人員，均不發給，本行雖有由
阜來濟之人員，但因經費不由省府支給，故亦不發，余當
即聲明，可以自行由行負擔，以免困難云。

師友

上午，到正中書局訪楊天毅、林欽辰兩同學，均不
遇，與齊杞南參議員略談，回行後見林兄留片謂今日赴
京，乃趕至飛機場相送，據談此次由青來濟，係王耀武主
席電邀，囑擔任即將成立之省府地政處，渠詢余有何意
見，余主其即行決定前來，因省政規模大於特別市也。

交際

下午，到青年會為程謙與張秀蘭婚禮證婚，致詞時
說明匹配之際乃生民之始，與結婚乃兩性人格之交融與完
成，及戀愛與結婚之不相矛盾等點，持態嚴肅，全場空氣
極為莊重，禮成後攝影入席，薄暮始返。晚，應李星可處
長之邀與德芳至其寓所吃飯，八時始散席。

娛樂

晚，與德芳、紹南觀劇，為許翰英之釵頭鳳，此劇
余初次觀，到場時已出演多時，就後半之故事以觀，劇情
與陸游當時實事不同，蓋劇內唐蕙仙並未改嫁，以處女而
疾終也，唱做均尚佳。

11月17日　星期日　晴
起居

　　星期無事，將日來積壓未讀之報紙翻閱完竣，下午同德芳與紹南、紹雄等至緯二路游逛小市，買得「堅瓠集」及「文始」等書數種，此小市以賣舊衣與毛線者為獨多，書籍碑帖僅兩三處而已。

11月18日　星期一　晴
職務

　　下午，到財政廳與趙廳長季勳談有關事項，本行副總經理接替人選已與王主席將孟石符兄提出，王氏允考慮。又南京領款請代撥通匯行兩億事，將已擬之底稿交趙兄託以代電致國庫署，請准予在京領現款兩億元。又王主席對於來年之財政問題，認為須由公營企業上設法，囑設計辦理，余意此事無所不可，但最重要者為厚集各在魯機關之資金，使其匯於省行，另由省行以低利借之此公司，盈餘補助省計，庶形式實質可以兩全也。

11月19日　星期二　晴
職務

　　晨，劉經理健夫來行閒談，涉及現鈔供應問題，渠之立場與各銀行尤其交通銀行相矛盾，渠願中、交等行亦能保持相當庫存，勿行外運，央行則於收受相當手續費之下予以方便，但距離甚遠，因手續費為千分之四，而交通

行運費不足千分之一也，此等情形各地對上海均相同。

娛樂

晚，與德芳約劉健夫夫婦至北洋觀劇，為許翰英之挑簾裁衣，此係舊本，不如歐陽予倩之新本台詞較佳，又許伶演來亦嫌過火，全劇凡兩小時，但唱則極少，以說白做工見長。

11 月 20 日　星期三　晴

師友

下午，訪韓世元兄，閒談，並同至李書忱家訪詢其訟事情形，但不遇。繼又訪牟尚齋兄，見有萬氏藏硯拓片四本，現聞正在出賣，頗有價值，又棲霞縣長將出缺，咸主由于紹奎繼任云。

娛樂

晚，與德芳、紹南至濟南電影院觀「返魂歌」，係環球公司出品歌舞片，有數個歌舞場面尚屬富麗堂皇，但故事結構則毫無引人入勝之興趣，攝拍技術則尚佳妙。

感想

到濟業已年餘，省銀行開幕亦近一年，在此期中，由甫到濟時之忙於應付人事之紛亂，至夏間兵臨城下之危局，更至今日省府遞嬗，人事動盪，經濟上徬徨摸索，已臨大恐慌之前夕，銀錢業風起雲湧，競爭激烈，一種矛盾衝突之現象，造成一切不合理、不和諧之情緒，每一念及，感慨萬千。本行就經營立場言之，不能不謂為略有成

續，但較之環境優良省分，則十不及一，若論對省經濟有
何貢獻，則不敢言也。又目前行政當局多急功近利之思
想，金融與財政唯恐其不相混淆，實為本行一大難關，復
就內部人事而言，更多排他自私之輩，夙昔志氣高昂者，
亦不能有為有守，余雖清廉自矢，仍有曲高和寡之嘆，真
所謂為誰辛苦為誰忙也。

11月21日　星期四　晴曇

職務

今日財政部對余為省行總經理之派令已至，依照現
行法令，本行之合法組織已全有根據，惟審度今後經營上
之具體問題，覺實際困難太多，最重要者為無法掌握大量
之資金，國共問題已至不能解決之境地，即能解決，而財
政經濟現象日有不安，金融業面臨日暮窮途之危機，終將
無法以自拔，丁此時會，余秉承財部與省府之兩重使命，
殊覺無以為計，矧現在行內人員能洞明大局有負重之認識
同時又深切瞭解業務者太少，日唯從事於摩擦者太多，僅
有之些微聰明才力不免相沖相消於無用之地，此雖整個政
治作風之一反映，然在有事業心者，其何以堪乎？

11月22日　星期五　晴

職務

行內員生一年來情形雖不若一般金融界習氣之深，
然不諳業務者未求進步，坐享其成者復不知創業之艱，多

為一己打算者多，為全行謀劃者少，尤其若干行員家庭關係自以為重於一切，或請遷地，或請提升，明知行內有規定或限制，而向外間請託此類事項者，仍屬相習成風，於是一部分精神必須用於應付此類無聊之人事，同時當前國家危機日深，整個政治之破壞性多建設性少，為私者多為公者少之狀態下，亦使行內一部分人員沉潛其中，不問貢獻如何，但知爭取私利與享受，此種風氣為當前最應矯正者也。晚，同業聚餐由中央銀行召集舉行，余往參加。趙季勳董事長來電話謂所薦孟石符到行接趙翔林為副總經理事未蒙王主席採納，謂將派一孫君代理，而趙君則至今未上辭呈，在北平雖已就北平市銀行經理，僅來信表示係暫時接收，不久回濟詳談，未言去留，亦異事也。

11 月 23 日　星期六　晴
職務

昨記王主席所派本行副總經理孫光宇君今晨持派令到行接洽，同來者為大陸銀行曹敏士經理，據稱孫君係該行漢口行之老同事，此係初來濟南也，旋同至省府訪趙季勳董事長，約定晚間在行聚餐，並談及派令以外對總行無公文，尚須照補。晚如時聚餐，出席全體科長、部主任，今日孫君係初晤，據稱在大陸銀行十餘年，未在軍界做事，尚稱內外，惟渠予余之初次印象，其優點在態度和藹，有南人之普遍長處。

11月24日　星期日　晴

師友

張景文兄來談，現省府會計處缺少中級會計人員甚多，須有經驗者充任，望會同物色，又濟南市政府仍有籌設市銀行之議，財局長于治堂託其轉託余注意人選，余謂設財部註冊不致有問題，當代為介紹有經驗之人才云。下午，同德芳訪牟尚齋兄夫婦，又同往劉道元兄寓訪劉鏡洲兄及其夫人，又至大華醫院訪李淑英女士。下午，徐軼千兄來訪，值余外出，未能相遇。

藝事

同牟尚齋、韓世元、王克矯諸兄至后宰門萬宅看硯，收藏家萬世甫氏之所遺，其後代陸續出售，余曾見其所拓硯存，無慮數百方，今日所見者僅十餘方，題跋鑴刻，無一不精，選定五方先由尚齋兄帶回，其中有端石一方，款式最佳，為老學庵著書第三硯等字，乃陸氏所藏，設非贗物，乃宋品也，又有翁方綱與梁同書題跋各一方，亦極有致，在一時一地見如許精品，在余為生平之首次，飽此眼福，欣快無似，覽罷歸來，又不禁興珍物難聚易散之嘆矣。

娛樂

晚，應林建五兄之約與德芳至北洋戲院觀劇，為某票友之全本群英會借東風，此君為林兄之友，特約來捧場者，渠飾前魯肅後諸葛，唱做繁重，雖無特長，亦不易也。

11 月 25 日　星期一　晴

職務

上午，同孫副總經理光宇至各同業拜客，計到中央、中國、交通、上海、大陸、東萊等家，至於中國農民銀行因時間不及下午始往，在中國行時遇該青島行楊副理康祖，面約於明日午飯。

師友

下午，劉鏡洲兄來訪，談已將南京省府辦事處房屋移交，但如本行京處有需要，望由馮有辰兄洽辦，聞該房房東有意將房收回，而綏靖區辦事處現在兼辦省府辦事處事務，亦或不需再用此房，故可接用，談頃留晚飯，談及其本人將稍事休息，仍發展教育云。

11 月 26 日　星期二　陰雨

交際

中午，宴請中國銀行青島分行楊副理康祖，並為中央銀行古副理質文送行，此外並請有最近到濟之中國農民銀行襄理牛君，中央銀行襄理王菊農君，新近來濟之中央信託局仇、盛二君，陪客有中央行劉經理、中國行周經理，旋因財廳趙廳長與四行有事商洽，故臨時加入趙氏及中國農民李經理與交通季經理等。晚，水利局王局長志超請客，在座為本行與中國農民兩行主管人。晚，上海、大陸、東萊三行請客，余飯後往，到者皆同業，而以中央銀行為獨多，包括各主任。

11月27日　星期三　晴曇

職務

今日報載日昨行政院會議通過省府局部改組，財政廳長由尹文敬接任，乃往訪現任趙廳長，不遇，聞趙兄之更動乃完全出於中央方面之推薦，其餘新任省委亦同，說者謂王主席之人事作風乃偏重於中央人事之應付。所購六安瓜片前已運到，備函分贈各機關首長，今日送出。

師友

午訪牟尚齋兄，閒談此次省府之人事更動經過，又將所買書譜安刻拓本一冊面贈。

交際

下午，與中央、中國、交通、農民等行合請本五行新到之副、襄理等於交行，凡兩席，八時散。

11月28日　星期四　晴

交際

晚，仁豐紗廠經理兼商會新會長馬伯聲在寓請客，談及今日尋趙廳長未獲，故該廳向本行所借之省府經費墊款一億元（成通與該廠各半），利息計算方法尚未決定，余漫應之，因在宴會席上不便多談也，其實該廠雖向本行借款歸財廳之用，財廳並未向本行接洽，不能因本行為省府所屬復因有此用途，即不負利息，蓋本行通融於政府之款項有限，縱仁豐等廠不來，財廳亦不能有更加多用之可能也。晚，牟尚齋兄生子舉行彌月宴，余飯後前往一行。

11 月 29 日　星期五　晴
職務

上午，舉行行務會報，因一月來稍有停頓，故今日之事較多，均由余提出逐項報告：（1）下月一日為本行成立一週年紀念，決定舉行簡單聚餐與茶會餘興，以資聯歡，下午五時入席，飯後即開始娛樂節目；（2）年終將屆，一年來業務狀況，望開始籌劃為周密之工作報告；（3）本行註冊手續業已完備，年終決算必須送部，其中存款準備金一項為部方所注意，故月底以後必須將準備金送中央行，其中存款有須調整者，今明兩日即須做到；（4）中央銀行實行公款存匯辦法，照規定機關存款須轉移該行，但本行因代理省庫關係，應請保留，同時省庫制度應速洽財廳規定之；（5）各行在各地爭取代理國庫業務甚為激烈，本行應速將推展行處計畫擬定，請中央銀行報國庫局核定準備辦理。旋由會計科報告年終可能之純益情形，散會。春間陸嘉書副理在青代購零星物件，余函其將價告知，但不肯復，現陸已解職，帳掛有十二萬餘元，現此款有意出帳，余急制止，由余個人負擔，其實余秋間匯陸之款即包括此款在內，乃酬答之意。晚，中國銀行召集同業聚餐，凡兩席。

11 月 30 日　星期六　晴
交際

中午，與德芳參加牟尚齋兄之生子滿月宴，凡四

席，頗極一時之盛。晚，參加王市長崇五之雞尾酒會，凡
各機關首長皆被邀參加，用客廳式布置，自行聚談，有點
心、水果、煙酒、糖食等，稍坐即返。

職務

儲信部籌備經月，因參考資料之不充分，與收棉業
務之未經中國紡織公司詳告原則，故仍未能開始經營，其
中復有若干細小問題，幾乎引起誤解，即該部與總行營業
科、會計科事務上之聯繫與劃分，竟因未能同時交換意
見，僅憑文字往還，直至今日余約同三方面分別加以指
示，始有輪廓，凡事非躬親解決，即有牽延，亦痛苦也。
開業已滿一年，自問已盡最大之努力，而環境不能打開，
同業競爭過甚，分支行處復無和諧之人事，種種均未能盡
如預期，雖年底有數億之盈餘，殊不足以言特殊成績也；
就本人所感觸者而言，則節約享受開創事業之決心始終不
渝，誠以基礎不固，稍一放鬆，即無以為繼也，然在人心
開闊之今日，狡黠者多懷異志，以身作則，決難收效，故
今後能否收群策群力之功，殊未敢逆睹，而本身則生活日
艱，負擔日重，長此下去，亦無以為計也。中午，至飛機
場參加歡迎王主席回濟。

12 月 1 日　星期日　晴

交際

晨，接中央行劉經理健夫電話，借車至飛機場送古副理質文赴平，余以星期無事，即同車往送，但因飛機過重，臨時改為明日動身，乃廢然而返。余與德芳應劉兄之約在該行午飯，到者有德籍吳本立Ulbrich Robert 及其南通籍夫人、市立醫院內科主任孫明廉及其夫人、鄧仁德大夫、趙常林大夫、劉美珍女大夫及齊魯大學吳克明校長夫婦等，飯後並有餘興，由劉兄夫婦及趙大夫清唱始散。

職務

下午四時，舉行全體員生一週年紀念聚餐，在緯三路舊營業室舉行，凡七席，飯後在樓上大會議廳舉行同樂會，首由余致詞，說明今日聚會意義在紀念本行成立一週年，兼以歡迎孫副總經理光宇，繼由一年來業務進行情行，表示在有限資力與短促歷史之條件能有今日差強人意之成就，中間經過共軍兵臨城下，均能鎮定自持，對各位同人之幫助，深為感謝。總觀斯一年來總行表現無事不可為分支行處之表率，即因大家能有事業心，有建立事業之抱負，因有此信念，懸的以赴，故天時地利兩不存在之情況下，獨有人和，此乃最可寶貴者，望保持而發揚光大之，意在勸勉不得再將近來小摩擦擴大也。繼由孫君致詞，開始游藝，七時半散。

12月2日　星期一　晴

職務

　　上月月結，盈餘總數一億餘，除半數開支外，純益亦佔半數，但從商情大勢言之，恐如此情形已達最高峰矣，近日因交通情況日漸良好，而一般人之購買力頗屬低弱，致物價無甚起色，各行業不能維持者甚多，擱淺者日有所聞，如此情形，銀錢業乃各懷戒心，收縮放款，故本行亦不能不加審慎，現在放款十二億餘元，日來頭寸仍寬弛，但不敢多加擴張，反之有若干信用放款須對於借戶特別注意，抵押放款則對於押品價格上落亦須隨時調查，因而放款仍有收縮之可能，為維持業務計，恐將對於儲信部多所屬望。因市面不景氣原因，一為地方不靖，生產萎縮，二為京滬一代跌風所波及，此地最不能堪受者為進口貨之經營商，反之土產雖低落，然在鐵路搶修月底可通青島之情形下，恐尚須有起色，同時青島廠家如中紡公司派員來濟籌畫收棉，植物油料廠派員來濟籌畫收購花生油，即就花生油一項而論，此地價格僅及青島之半，而上海則更高於青島，如能乘時由儲信部收購，或待市而沽，或即將來轉售油料廠，均屬大有利益，此事日內當籌謀進行也。

12月3日　星期二　晴

師友

　　晨，高注東兄由省黨部來電話，謂日昨由青島回

濟，又張敏之兄由阜陽間道來濟，刻在彼處，當即以電話接談，余約其在高兄處相候，隨時往訪，據談此次由阜與山東省之各校長來濟，任務為與教育廳接洽學校復員回省問題，渠本人極願俟此事告一段落，即不再負公立學校之責任，過京時崔唯吾先生曾表示希望先志中學早日復校，渠願全力赴之云。旋同至所住中東賓館訪煙台市長丁紹庭君，亦談及為先志保留校舍事，特未知膠東何時可以由共產軍手內恢復耳。又談及復員時法幣籌碼之接濟問題，余允與中央銀行熟商隨時轉達。

職務

近來各科部之間不無隔閡現象，一為總務科與營業科，問題在收發及文件之撰擬多不能互相配合；二為營業科與儲信部，問題在儲信部成立後倉庫何以移交接管，演變至於總務科長與儲信部主任分請另調工作，雖未允所請，然裂痕已露，殊可慮也。

娛樂

晚與德芳、紹南同至北洋戲院觀許翰英孔雀東南飛，此劇為一悲劇，但因丑角插科打諢，笑料太多，反無悲劇效果，許伶演此等劇之身分亦不甚相當，因係純粹青衣戲也。

12 月 4 日　星期三　晴

職務

上午，到省政府參加綏靖行政會議籌備會，由劉道

元秘書長報告赴京參加綏靖區政務會議之經過，本省為奉
行決定事項，將於本月十五日舉行行政會議討論實施方
案，會議舉行前各機關務須將主管業務如何措施擬定綱
要，於十日前送省府秘書處彙總云。余因赴會前未接到印
刷之參考資料，故未能發言，但散會後詳加研討，此事與
中央銀行與中國農民銀行之關係極多，故主由主管廳與各
行共同一談云。又此次會議之中心工作為與共產黨在收復
區內爭取人心，其中最重要者為不報復，不得因自己為地
主，阻礙耕者有其田之實行，但執政者多為地主階級，含
有內在矛盾，如何貫澈，非無問題，此舉實為國民黨存立
與失敗之關鍵，以目前人心之絕對自私，恐非有強有力之
克服工作，實未能使一切新政令不為之變質，此點在中央
開會時固已慮及之矣。

師友

下午，林建五兄來訪，談及韓仲鑒科長在外私行有
不甚檢點之處，如宿私娼及召伶人至商家侑酒等情事，警
局人員頗有欲積極加以干涉者，渠已制止，望轉告韓君注
意檢束，按其所談當非望風捉影之談，當前用人之難，殊
有想像以外者。

交際

晚，張靜波局長請客，首座為濟南市長王崇五、威
海衛市長龍放之等八、九人，八時散。

娛樂

晚，應張戢門副處長之約至北洋觀劇，為許翰英之

大劈棺，此劇雖無甚價值，然許伶最擅之，其思春一
場，雖過火而緊張，劈棺一場亦頗有台風，配角亦大致
可稱完善。

12 月 5 日　星期四　晴
職務

南京分行張副理來濟陳述行址事，經決定即用白下
路新看之一處，因地點適中，且可以不需要再加裝修也，
又京行籌設時期，外界薦人者極多，而行內則極少，此蓋
政治都市之應有現象，而官營事業又處處不能不顧到人事
與環境，有時委曲求全，勢所難免，此等人不用，業務多
有阻力，用則無裨於實際，兩者去取，均無當於事，官營
業之難求發展，此乃一大原因也。稽核崔藩五由渝到濟，
所述交通困難情形，無論航空或海運，均有四、五倍於正
價之黑市票，當局佯為不知，此乃整個政治之縮影也。上
午，由孫副總經理光宇介紹同至第二綏靖區司令部見王主
席耀武之夫人，德芳亦同往，談甚久，人極和藹，王氏本
人已出發膠濟線督師，短期內難返，因順路至青島止云。

12 月 6 日　星期五　晴
師友

下午，訪牟尚齋兄閒談，據稱不日有南京之行，因
南京消息，京方山東同鄉對省黨部多表不滿，正醞釀改
組，此實一可乘之機會，又談及渠與友好七人向經濟部承

租坊子煤礦，此事業絕對有盈餘可謀，將來進一步欲在濰縣建立一紗廠，為東部織布業之原料供應機構，此項計劃實不為無見。又牟兄車已無油，正在籌劃購買，余前數日接龍易華兄來油一桶，至今未報價款，想亦係無償取得，在本行汽油不生問題之今日，自可移多就缺，當即決定以之轉贈牟兄應用。又同鄉會經費困難，牟采庭兄前來籌劃，當與牟兄各捐數萬元。

職務

各紗廠上月初因財政廳向其借款，不願自出現款，乃向本行轉借，且經趙廳長居中言明，以此項借款利息不願太高，徇紗廠之請定為四分，但數日來到期已久，彼等要求免息半月，理由為初借之半月財廳並未實際用款，本行因該帳起息有定期，無法減收，因而該款懸帳無法處理，該兩廠聞仍將先設法取得財廳同意，向本行交涉免收半月，則一、二日內尚不能解決。

12月7日　星期六　晴

職務

下午，在中國銀行舉行民糧貸款會議，到中、中、交、農、上海、大陸、東萊及本行並糧業公會代表，由財政廳趙廳長主席，因七行攤放十億今日到期，中央行本係十足轉抵押，亦同時到期，即向代表行之中國銀行收帳，其中除本金十億外，尚有七千萬有零之利息，各行先續押三個月，但限度已滿，利息須還，此款根本無著，有主張

滾入本金者，但限度已滿，不甚合宜，有主張結束本貸款
而將所購之糧變賣者，但與儲糧之旨不符，經決定用第三
種辦法，即將相當利息部分之糧食變賣，還息後加入餘存
之成本，實際仍低於市價，但財廳須請示主席，而主席又
公出尚未返濟，今日仍有誤轉帳，研討結果為解除帳面上
之困難，由本行借給糧業公會七千萬餘，償還利息，在半
月內由趙廳長負責請示主席解決，如過期仍無辦法，各行
負責處分押品歸還此項息金之本息，余以非此不能解除
各行與省府之困難，亦即應允，但恐半月內頭寸不能無
缺，經與中、交兩行成立口頭君子合約，本行需款時，
該兩行有存放此數於本行之義務。下午舉行會報，討論
年終酬勞金及開始收購花生油等事，均獲得合理解決辦
法，六時散。

師友

　　晚，與劉鏡洲兄合請張敏之、韓延爽及留濟同學
七、八人吃飯。午，請孫光宇副總經理吃飯。

12 月 8 日　星期日　晴

交際

　　上午，到南大槐樹訪閻若珉孫淑賢夫婦，途次緯
十二路時見車由對面來，係孫女士所乘，乃復折返。中
午，請劉鏡洲兄之太夫人吃飯，作陪者有劉鏡洲兄、劉道
元兄夫婦、張景文兄夫婦、林建五兄夫婦、閻若珉兄夫
婦，請而未到者有韓兆岐兄夫婦，至下午三時散席。本行

前副總經理趙翔林之夫人，自渠離職後尚住於宿舍，日昨
未通知任何人即搭機赴平，臨時借車始知，德芳且至機場
送行，又所用器具物品多有毀損移用者。

12月9日　星期一　晴

交際

　　下午，李副司令官仙洲、孔參議員繁疇、賈副議長
慕夷及劉秘書長道元在李副司令官公館請客，到者各機關
長官十餘人，飯前討論阜陽水災嚴重，本省戰時省會移阜
期間得地方之協助太多，本恤鄰之義，不容坐視，經擬定
發起人名單及緣起，起始募捐，並商請娛樂宴會場所加收
附捐，旋即由到席者先行自動認捐，有三十萬者，又十萬
者，余認折中數二十萬元，因另有應酬，未待入座而辭
出。晚，在百花村應大陸銀行曹經理、朱副理之約宴，在
座者有鐵路局李星可處長及本行孫光宇副總經理、韓仲
鑒、高鏡秋兩科長、交通行姚智千主任及鐵路局其他客人
等，余到時業已入座，見另有侑酒歌女兩人，即于素蓮及
花二順，皆鼓姬，席間插唱大鼓歌曲二段。

職務

　　善後救濟分署發放救濟衣服於下級公務員役，第一
次前已辦過，本行因有所貽誤，至未能列入，現在第二批
又將於明日抽籤，本行事先申請列入，已經照辦，余頃通
知總務科於抽籤後設衣服不能合用者，可定價交合作社代
售行內人員，絕對不可在外轉售，有損顏面，聞從前所發

各機關之衣服，多為夏季用單衣，不合用者佔大半，此次所發將為冬季用之衣服等，較前切合實用云。省府將於十五日召集綏靖行政會議，事先由各機關分將計畫綱要擬就即送省府秘書處，今日已將綱要由總務科擬妥，項目僅為推設本行分支機構之一項，說明羅列地點及業務等。

體質

自入冬以來，晨起患咳，且喀痰，下午以後即無此現象，去年冬季情形類此，或與吸煙有關，又鼻腔冬季流涕較多，而在室內時則稍輕，足部本極畏冷，兩年來則反之，連日終日不解凍，不覺冷。

12 月 10 日　星期二　晴

師友

上午，訪牟尚齋兄，據告後日將赴南京一行，其交代費將因趙廳長季勳交卸關係，繳回半數，此款十天以後即可歸齊，託余屆時代為與財廳轉帳。又談兩週前至后宰門街所看之硯，共計六方，物主索價兩百萬元，欲留三方，共六十萬元，尚不知能否籌到，其實賣主索價並不算高也。

職務

上午，上海銀行李副理與大陸銀行曹經理來訪，談及本年下期各行存放中央銀行利率有一致要求提高之必要，約定下午至該行商洽，至時前往，中央行劉經理並約中國、交通、農民三行前來討論，因青島為八鰲，故幾經

商酌之後，決定亦為八釐，中、交、農三行亦同，各行算給銀號者亦同。又討論票據交換事，各行均促央行早辦，希望於下月實行。在中央行順帶提及魯興銀行之接收問題，財政部令央行接收，而省府則本已交本行接收，央行催本行移交，余謂省府未有確切答覆前無所根據，此乃實際困難。本行前數日派人接收博山魯興行，魯興行請示中央行，中央行謂余應辦公事致中央行，始合手續，余謂在未移交前決不能如此辦理，且在未移交前本行照案繼續接收，亦屬題中應有之義，設央行認為彼應接收，不妨派人前往，否則決不能謂繼續存置敵偽手中反優於由本行接收，但該行公事手續上感受困難，只能作為不知此事，否則即勢必棄置不顧矣云。余解釋後劉經理始無詞以對，只謂再商量解決辦法云。

交際

晚，請趙廳長兼本行董事長吃飯，並兼請南京行副理張紹華，作陪者為各科科長，等於行內本身之宴會，故均不拘形跡，飲酒頗多，有數人已醉，余亦至九分量，八時散。

12月11日　星期三　晴

職務

機關庶務最難辦理，亦最難督察，去年接收魯興銀行時，其城內辦事處房屋本係租用，故亦由趙翔林副總經理經手由本行立摺續租，因上半年營業毫無把握，夏間並

有共軍一度圍城之危，故城內始終未成立辦事處，該房遂由趙君借與其同鄉居住，並將本行所派保管人員撤回，而房摺則由行內庶務持有交房東由原戶名隨時取租金，今日房東來行謂住房人不付房租，本行亦無人接頭，以趙君之私而敗壞本行之名譽，經即告庶務通知住房人移居，本行收回自用。又如行內水電常有損壞修理情事，而又往往一修再修，其實修者敷衍了事，甲病未除，乙病復生，而費用不貲，付費之時庶務只憑開帳，絕不驗看，但利為人取矣，此類事實不一而足。

12 月 12 日　星期四　晴

職務

余一年來痛感用人之特殊困難在熟人比生人尤為難用，生人固一時不易知其性情閱歷，熟人則雖已知其既往，不能知其轉變。

感想

余主山東省行年餘，清廉自矢，不喪所守，所得除薪津外，交際應酬非與業務有關者不列公帳，復因生活簡單，費用無多，故亦勉能維持，自春間父親到青島，夏間接眷由皖來魯，因負擔各種臨時開支，逐漸有捉襟見肘之象，不足之時，多由經管友人錢財內臨時挪借，有時係由聯行轉來之帳，即由營業科韓科長代墊，而家用購置亦有時託友代辦，臨時不收代價，此類情形實有類高等難民，然與外人道及，其孰信之，父親則賴振祥弟接濟為多，長

此以往，真不知何以為計也。

交際

　　晚，中西書社在聚賓園請客，到者皆教育界人，而特客張敏之兄因事未到。

12月13日　星期五　陰

職務

　　市面頗多衰疲之象，數日前有鴻記呢絨莊倒閉，欠本行貼現押款及承兌匯票等四千餘萬，經請警察局協助將保證人鴻記製革廠之皮張取回本行倉庫，於是引起其他債權人之不滿，聲言欲控告本行及警察局云云，詢悉此等人中並無正當商人，不過為少數軍政界中人官僚資金作祟，且其債務人所立契約等件恐尚不齊全云。冬季員生制服因省府不肯發給，乃由本行自備，由行照布質計算限價，但所辦係屬嗶嘰，超過部分自行負擔，現料已運到，開始定製，女行員用長式，並徇各該員之請，仍供給三碼，與男同事等，據聲請可製兩襲，但恐事實上只製一件，經規定必須製式樣相同者至少一件云。晚訪尚齋兄，遇趙季勳廳長亦在，乃與決定行務數件，一為孫副總經理之薪級仍照趙前副總經理者；二為渠於明日赴京，所有行內未簽支付書之墊款，將分別轉至；三為紗廠借本行款借省府用之一億元，廠方希望少負擔半個月之利息，趙氏雖不同意，但因本行急於轉帳或即勉徇其請，余當即要求由財廳來一證明，趙氏又謂須紗廠先辦一函致財政廳，當據以照辦；

四為牟尚齋兄經手之何主席任內交代費將取回一半，如屆時不能歸齊，再向其他方面設法先行借墊數日，俟其由京回濟，當如數將本利歸還；五為渠將財廳交卸後，有一兩人係必須去職者，望在行內先行按插云。

師友

上午，張岳靈之岳丈魏春圃君來訪，係甫由安徽經京滬來濟者。訪張蔚岑君，略談。

交際

中午，應京行張副理紹華之約在東關吃飯，在座皆本行人。晚，應商會主席馬伯聲之約晚餐，在座為防守司令、中央行經理、濟市市長及財局長等，討論救濟工商業，定下星期再談。

藝事

牟尚齋兄所贈萬正甫藏綠端硯一方，有萬氏題跋，石極佳，款式亦美觀而合實用。

12 月 14 日　星期六　晴

師友

上午，到飛機場送趙季勳兄赴京，回程與劉鏡洲兄同至尚齋兄處閒談，並留午飯。

職務

冬季行員用煤決援省府例發原煤一噸，但刻間無存，須向廳委會價購。孫副總經理光宇談及省府重辦企業公司事，余謂事屬急要，但先決條件為集中一切軍政機關

之資金，轉由本行供應之，但一切以互相劃分為宜，本行
限於章程不能兼營商業，又人事聞亦為一大問題。

體質

　　晨覺大腸下贅，有痢疾症候，上午空心事急服蓖油
一兩，共瀉三次，腹內覺稍舒。

12月15日　星期日　晴

師友

　　晨，王渭川同學偕鄭老先生及另一宋君來訪。上
午，劉鏡洲兄來，同至牟尚齋兄處為其送行赴京，十二時
半始動身，往送者有張景文會計長等，在飛機場等候時，
張兄談及何主席任內之財政真實內容頗為新任省府王主席
所懷疑，且似已知其祕密，但此等事余等皆不知，甚至牟
尚齋兄亦不知之，且不敢肯定謂絕無其事，官場中之黑暗
有如此者。

交際

　　中午，參加第二綏靖區司令部之陣亡將士追悼會，
因到時已集合，故簽名後即返。

12月16日　星期一　初雪

職務

　　上午，李書忱氏來訪，談鴻記呢絨莊倒閉其另有一
部分債權人對於本行自行處分其保證人鴻記製革廠之皮
張，表示異議，且將興訟，彼方託其詢余真實態度，余將

此事經過略為說明並將借據交其研究，大致此兩鴻記為一個店東，而字號為二，經理亦非一人，扣留製革廠之貨係因其為呢絨莊之保證人，故此項債權人之所主張者究為何方之債權，實關重要，李氏亦以為此點頗關重要，設此項債權團皆為呢絨莊所欠之債，製革廠復未保證，自與本行不能相提並論也云。李氏又謂彼方提出其中本行承兌鴻記向交、農兩行貼現票據，明息以外有外息合共達十六分半，恐有弊竇，余對此點亦極注意，故李氏去後召韓科長詢問，據稱絕無其事，至其他債權人亦多為呢絨莊方面者，根本非製革廠所負或所擔保者，韓君又云此事本行已將該廠之實際財務狀況查明，真假帳決不一致，有無勾結而來之假債權人殊不得而知，至此次所扣留之押品，約略可足償還本行之放款與承兌云。下午，市商會秉承省府、市府意旨在中央銀行召集各行經理，討論救濟商業危機事，中央行先宣讀最近該行對各行組織銀團辦理中小型工商貸款，辦理轉抵押重貼現辦法，繼即研究，各行提出意見為照此辦法不能做信用放款，與商會希望相左，各銀號手續不完，中央行能否允許其組織銀團尚須請示後再決定，故開會結果一面由中央行請示，一面由各行盡量將固有貸款予商家以便利，大家認為圓滿，其實亦可謂毫無結果也。開會間中、交兩行對商會會長馬伯聲詞氣極不客氣，於理言之，不應深閉固拒，於情言之，馬君因自身營有銀號，極力為銀號業說話，亦屬自取也。財部對青行放款有所挑剔，是已默認省外設行也，公家事往往如此。

12月17日　星期二　晴

師友

上午，訪李書忱會長，詳談昨日所洽扣留鴻記製革廠皮件事，因該廠係擔保人，其他債權人非以鴻記製革廠為保證人，故本行自有不同於其他債權人之處，余又向李氏說明外間所傳關於本行放款經手人操守問題，絕無隱情，中傷各節皆屬無稽，又聞該廠莊之帳款其實並不虧空，有真帳現為本行所扣留，此點李氏亦認為甚關重要。旋留食羊肉涮鍋，飯後辭出。下午，到洪泰火柴廠訪王渭川兄及其經理任子文君，據談該廠自為敵人掠奪繼以政府派員接收，旋又發還，繼又為敵偽產業處理局再度接管，至今尚未解決，在此支離破碎之行政下，民營工廠真不易也。

職務

若干事假公濟私輩往往弄至不可收拾，本行所接收魯興銀行在城內所用房屋，因時局關係，城內始終未設辦事處，而本行業已續租之屋，竟由前副總經理趙翔林以私人名義借與其同鄉居住，但名義上仍由本行承租，以省租金，現在內部住人複雜，本行用具亦無人照料，經決定通知住房人遷移，頗有狡賴模樣，謂該房係向趙借用，應由趙通知始移，此後即再無其他回答，預料有相當時日之拖延，又趙君曾預備用其他個人名義接租公屋，余未允焉。

12 月 18 日　星期三　晴
職務

　　本行開支浪費之處雖力求節約,但仍不可全免,有時雖三令五申,而聽者藐藐,如今日支付傳票列有集成里宿舍上月份電費五十餘萬元,共包括六個門牌,其中余燈頭最多,不過五萬餘元,其餘除左右兩鄰尚大致不差外,路西三房間皆在十萬以上,或將近十萬元,其浪費原因為日間不知隨時關燈,任其自亮,實際於使用之私人無益,而於行有損,但因公共道德太差,故雖一再通知,置若罔聞,現規定責成行役隨時啟閉火表,如下月再不節約,住用行員生應分擔此項費用。中國實業銀行李經理楠公回濟,攜來關子高氏一信,並備述在滬時相過從,其來信係請余對李君多所協助。綏靖區司令部經理室主任張望伯來行託孫副總經理向余致意謂前來拜訪,此君余曾於夏間拜訪之,但始終未見回拜,今孫君初來曾往拜訪,立即答拜,因孫與王司令官有舊,余固知現在多屬勢利場中人也。聞市面情形極不好,故放款力趨緊縮,且以抵押為主,且折扣須大,因而放款餘額不再增矣,至全行頭寸極其鬆弛,雖坐耗利息,亦不欲因小失大,所幸存款成本不高,而固有放款亦足以應付開支有餘也。

12 月 19 日　星期四　晴
交際

　　中午,請新近到濟之中央銀行劉副理縵鄉、中央信

託局吳副理本仁、東萊銀行劉副理舟之及中國實業銀行李
經理楠公等吃飯，作陪者有中央行劉經理、東萊曹、趙兩
經、副理及大陸曹、朱兩經、副理。

職務

　　中國社會處事所用精力只佔一小半，而對人所用則
一大半，近年尤然，而任何角落曾無例外，本行開幕之
初，因營業毫無把握，其時人事簡單，步調齊一，下半年
因業務發達，而韓仲鑒科長獨居其功，對其他科長流露藐
視，受之者既愧且妒，於是有結成一條陣線向韓合攻之
勢，此輩包括全部以前從事黨政改業銀行不久之人員，因
不能在工作上競爭，乃以排擠傾軋為能事，此種情形余於
周年紀念時特別提出人和一題誥誡全體，即是針對此現象
而發，余固明知其不能發生效力也。近自孫副總經理到
行，與韓君性情頗相投和，於是有對方向孫作工夫以破壞
之者，亦有向余作工夫表示余已無向心力此應特別注意
者，此情形恐益將複雜化矣。又自青島分行經、副理破裂
以來，對風紀之影響極大，余最初係因均隨余而來之人，
調解彌縫，不願丟醜，後終不可收拾，旁觀者乃認為余威
信不孚，於是此間之興風作浪者亦遂有恃無恐，目前用人
之難，即在此無分親疏完全不講道義，完全以破壞為能
事，於人於己均無益之事，亦均悍然為之。故今日中國之
危機雖為黨爭與內亂與夫經濟、教育諸端，其內裡之病根
則為社會秩序之破壞與解體，人人均無高尚之風度與最低
之道德，於是一切舉措，全盤皆錯，此危機非一朝一夕所

成，亦非旦夕可救也。關於人事方面，余一年來尚痛感於因山東局勢糜爛，加以交通幾乎斷絕，用人不能不就近取材，勉強應付，去年余由渝回魯，已感不易，而鐵路不通，所約人員之有眷屬者或畏難苟安者均無法前來，於是因事設人，外行乃多於內行，此輩不唯不求進步，且因察知新人之來不易，久之消極方面習於疲玩，積極方面更以挑撥是非為能，又此輩非不自知其本身之無能，故多時託外間人士關說以防其地位之動搖，患得患失，窘態畢露，此即向心力不能造成之一原因，實則余非不欲使此輩化無用為有用，形成可造之幹部，無如其既不能令又不受命，欲提拔而無從何！

生活

　　余向來服務不謀私利，故維持一尋常之生活，已感不易，積蓄則談不到矣，自膠濟路逐漸通平，親友之陸續來濟以為生者已開其端，無論有無謀事之可能，至少當前生活須予以維持，若以十年前物價而有余之地位，殆游刃有餘，現則捉襟見肘，而又不能苦窮，矛盾痛苦非言可宣。

12 月 20 日　星期五　晴

師友

　　上午，楊紹億同學來訪，談係前日到濟，擔任綏靖區急振總隊督導專員，辦理急振總隊魯東大隊急振之督辦事宜，談有頃同至省黨部訪高登海兄，得見省黨部主任委

員龐鏡塘及楊寶琳女士受攻擊之傳單，內容甚為具體，旋
同至集成里午飯，事先並邀約張敏之、王渭川等同學，又
約有北平空軍第二軍區司令部傅處長瑞瑗亦來，渠此來係
視察濟南指揮所與空軍站，故屆時偕同來之第三處處長萬
君與主任秘書周君同來，雖屬初次見面，而因傅兄之介，
一見如故。晚傅兄再來，余購贈彼三人上等九鶴阿膠五
斤，傅兄談劉超然兄事，此次在京所遭遇之處分為第二
次，謂其本身亦非全無缺點，主張在官場服務應採逢場作
戲之態度，有勢時勿謂可不顧一切，失勢時但求明哲保
身，應將一切炫赫視同浮雲，勿斤斤於一時之小利，庶乎
在此種風氣中始可求自然之存在，傅兄所談，非過來人難
體其三昧也。

交際

　　晚，同業聚餐在本行舉行，因今日為下期結息，有
因事忙，有因形同放假，竟到者不多，參加者不過十一
人，仍分兩席，內有大陸銀行曹經理贈送野鴨煨山藥一
件，甚鮮美。

12月21日　星期六　晴

職務

　　晨，建設廳丁廳長基實來談其發展省營事業之計
劃，將即成立省有廠礦聯合業務處，以備處理財務，供應
器材原料並推銷產品，目前工礦管理委員會即將結束，其
所存煤斤有七萬噸以上，將來售價全數送存本行，各其他

礦場亦同，但希望需要資金時亦能予以接濟，最近博山由省府經營之兩礦，需用生產運銷資金一億餘元，盼能先予接濟，余當即應允，旋丁氏派博山一礦副礦長來行洽商借一億五千萬元一個月，當日成立合同，下午簽字，款撥張店交該礦應用，該礦又談及可售煤於本行由彼方向鐵路局交涉車輛運出，余已交儲信部詳細研究並電青行查詢有無銷路。上午，同孫副總經理到財政廳訪尹伯端新廳長，為之道喜，因所談多為南京方面事，此間事將稍後再熟商云，辭出後又訪新民政廳長劉翔及省委彭國棟，彭於徐州設行聯繫撥款事極主張，此事非無必要，但與此間聯繫不易耳。

交際

　　下午，韓世元兄夫婦及楊孝孺經理來訪，因韓兄另有應酬，故僅由余約楊君及張慎脩君又李淑英女士，本行崔藩五稽核至聚樂樓吃涮鍋，菜甚好，惜座位太窄且不清潔耳。

12 月 22 日　星期日　晴

師友

　　上午，同德芳至王市長崇五寓訪談，德芳與其夫人朱岫容為同學同鄉，前星期日來訪未遇，今日始得晤談，旋遇韓世元兄亦來訪，乃辭出同至韓兄處閒談，移時又同至山東廣播電台訪畢台長庶琦及其夫人，其夫人亦女師同學，多年未見，便中探知王琇女士之消息。下午，至林建

五兄處與孫化鵬兄晤談，在濟政校校友將有聯合歡迎尹廳
長文敬之必要，先決定待陳以靜等同學到達時聯合舉辦，
又與林兄談族弟典祥謀事問題，林兄對其資歷頗有問題，
故感受困難，余亦不十分勉強，因在其他方面亦有進行，
或另有可成亦不可知也。

參觀

　　下午，同林建五、孫化鵬兩兄及韓世元兄夫婦同至
青年會參觀各古董店之展覽會，以字畫居多，古玩較次，
而書籍碑帖最少，余擇購龍門造象裱本一冊。

12月23日　星期一　晴

交際

　　中國農民銀行顧聿頤副理相告，今日十二月初一日
為中國銀行周壽民經理之生日，各行皆有致送賀禮者，余
與孫光宇副理亦送壽點四色，並與顧兄等上午往中國銀行
拜壽，按顧君精於命相，故各行經理之生日皆大體知曉，
加以南方人亦多好此種舉動，故極現張揚。晚間與德芳同
至吃壽酒，凡三席，九時始返，聞今日並為王耀武司令官
之生日，無甚舉動云。

職務

　　今日先後與韓仲鑒科長與譚漢東科長閒談行內人事
問題，近來韓君受其他科長之環攻，尤其在孫副總經理處
攻擊中傷，張大其詞，殊為不當，韓君自謂內外反映所指
摘之題目多非事實，反之其他各科長介紹不合規定之放

款，乃至向商號借錢者甚多，不自反省，反攻擊他人以自固，渠絕不置意，但如他人為繼任營業，彼可讓賢云。余即告以渠最大應改善之處為不可逞能，予彼等以空虛之尊嚴，應可不致樹敵過多云。譚君處於晚間與之詳談，望遇事宜識大體，韓君為極有長處之人才，吾人應使其發揮長處，並扶助改善其短處，始為君子愛人以德之道，如過為己甚，其結果為將韓驅入他人懷抱，以外省人受排斥為理由而互相結納，或竟因此而去，其他方面介紹作風不能捉摸之人來行，行務前途實有不堪設想者，又行內實不謂為已經就緒，各科應勤於檢點自己，少鬧摩擦，方是正辦，譚君亦為之首肯。

師友

　　下午，張隆吉、張卓然兩兄來訪，卓然兄現在經營中興商行，以棉花為主要對象云。

12 月 24 日　星期二　晴

職務

　　上午，到交通銀行答訪中國實業銀行李經理楠公，並同季經理獻之至中國銀行參加各銀行同業談話會，討論因買受同業公會房屋而發生之公會代表人問題，初擬討論公會籌備處主任人選，後因各同業未能到齊，決改日再談，先推曹經理敏士代表買房，關於公會事中、交兩行皆推余擔任，余推中國行周壽民擔，會後交行經理到余處說明非余擔任不可之理由，余允以後再為商量定奪。恆祥銀

號楊經理孝孺來談，本行韓科長曾有以高利派放款項之
事，又有介紹一不殷實之客戶到恆祥借款該號未允之事
云。下午，高注東兄來訪，據談中央財務委員會已將本省
財務委員會發表，並以余為副主任委員云。

家事

余向來恃薪給謀生，雖今日主持一省銀行，不類此
種階層之人，但知余之內容與作風者，則皆能了解。

12月25日　星期三　雪

職務

畢天德總經理來訪，談此次赴滬籌劃業務之經過，
其中有與本行配合者為代中國紡織建設公司收棉事，俟其
青島分公司范經理由滬來濟，即可進行磋商。又畢兄為該
公司辦理加拿大麥粉進口事撥回本行透用款項，余允原則
可商量，但其交貨須有確期，始能具體決定。晚，訪財政
廳尹廳長伯端，渠先述此次來濟擔任斯職之經過，次述與
本校校友極願聯繫，余即將所接陳果夫先生與劉鐸山先生
之兩介紹函面遞，談及行務，渠謂望余與王主席多加周
旋，因渠對余不無微詞，余雖未詢其內容，但由語氣流
露，不外營業盈餘不能對省財政有多少補助，並謂何主席
曾對王氏表示本行絕無盈餘，弦外之音可以推知，官廳事
往往無是非公道，不謂利息放出太高，即謂盈餘太少，初
不自知其陷於矛盾循環也，及余對行內情行略加說明後，
渠亦大致釋然。余又提及王主席對省財政之預算外，開支

亟須寬籌來源一節，認為決不能直接將此責任加之省行，因省行盈餘再多，亦應解庫歸入歲入，於此項用途毫無挹注可能，唯一之法只有厚集各機關資金由本行代為放之另設之企業公司，只取少數利息，將一切盈餘均歸此公司，由省府自由支配，尹氏對此意甚表贊同。又談及過去財政紊亂情形，渠有無從下手之苦，且對於廳內舊有辦事人員，表示不滿，便中詢及關係科長之人員如何如何，其中雖有余明知糊塗固執一向不能配合之輩，但只輕描淡寫，僅認為經驗不足而素質甚好，蓋為人留餘地也。又談及民生銀行之清理與復業問題，余認為清理應加緊進行，而復業則應候地方上之表示再秉承主席定其意旨，暫時不宜有何態度表示，更談及其到濟以前省府財政有因誤解法令溢支之經費，中央決不能為何任有所幫助，而王任則感受甚大之困難，渠雖不負補救之責，但事實所迫，殊覺進退兩難，余謂此種挪墊習慣自阜陽時期已然，旦夕未必能有改善，但非徹底改善，省財政絕無前途，如其能之，乃絕大貢獻也。嗣談及董事會問題、徐州設行問題、小本貸款問題、省庫改善問題，均極詳盡，並約定下月初各校友集體歡迎尹氏，至十時始辭出，於大雪中返。

交際

　　下午，參加齊魯大學復校紀念會，並進茶點，均由教職員親任招待，無一校工參加，洵為特色。晚，應恆祥銀號張慎脩、楊孝孺之約在泰豐樓吃飯，在座皆中央、大陸及本行人。

12月26日　星期四　晴曇

職務

行內事務不為甚繁，而會客所佔時間獨多，往往晨起稍遲時須到辦公室內補寫日記，恆數次間斷，近午或延至下午始能竣事，除會客外，瑣屑事件亦甚多，而友朋長官間之來信必須親筆作覆者亦常因稍壓而有延誤，亦必須抽暇辦理，故中午不休息，而往往至昏始息，讀報則在晚間，進修更談不上矣。權勢為人所執有時，不失於濫用者太少，此近今官風之所以不正，社會之所以紊亂也，即如魯興銀行漢奸有張鐵村者，被控拘於法院，法院函詢本行有何擾亂金融之罪行，本行無人知其詳細，故即逕復，此在一般人即必藉此而有所挾，而公道是非因之泯滅矣。年終考勤加發一月薪於今日辦理，有任至堂者曾請假一月代趙前副總經理赴徐州接眷，今亦要求不扣，此種人但知要錢，不顧顏面，而罔知公私之辨，現在之人往往如此。當局對行之態度，孫副總經理時時提及謂甚友善，尹廳長所提則相反，可見非其中任一方有詐，即當局喜怒無定，可畏也已。

交際

午，市黨部請客，為募集國民黨特別捐事，本行決定擔任一百萬元。晚，中央銀行宴請同業。晚，參加市政府茶話，為聖誕招待盟友，有聖誕老人憑抽籤散發禮品及跳舞會，余早退。

12 月 27 日　星期五　晴
職務

將尹廳長所需之本行董監事重要職員名冊送往，惟其中抄寫錯漏太多，不勝其改，辦事必須鉅細不遺，真不易也。泰安縣長李英豪商洽借款，余囑其以向省府請領為宜，否則亦須財廳擔保。

交際

晚，銀行同業聚餐在上海銀行舉行，余未終席而返。晚，李委員啟奎宴客於紫陽春。

家事

晚余甫回寓，德芳告余岳父由青州來濟，乃急往德泰木廠探視，余本挽留在濟住留數日，德芳因老人神智不清，語言顛倒，頗為遲疑，當決定託陳相魯君陪同回青州，談至十時始返。

12 月 28 日　星期六　晴
職務

下午，訪直接稅局謝局長松雪，研討營利事業所得稅之完稅問題，因照新所得稅法之規定，公有營業亦須照章完稅，而其完稅稅率照現在資本與盈餘之比例均適用最高百分率，在會計完整之機構又不能適用簡化稽徵辦法，故今年本行盈餘如為四億，即須照百分之卅之稅率完稅一億餘元，在稅局立場只能不催，不能減收云。答訪畢天德總經理於民生企業公司。

交際

晚，中央信託局吳副理松生在交通銀行宴客，到者皆各行經、副、襄理，凡三席，八時散。

12月29日　星期日　晴

師友

上午，同德芳到孫副總經理寓閒談，以作答訪，至時見衣冠不整，在座者有鐵路局許科長及另一范女士，不知何許人，亦未詳問，旋因孫化鵬、韓延爽兩兄來訪乃辭出，移時韓兆岐兄亦至，商定本校同學於下月二日在余寓歡迎新校友，有眷屬者亦與俱，留三人午飯後同出至緯二路游攤販市場，又至大觀園買書，購到涵芬樓版窬齋集古錄一部，惜內缺一本，尚無大礙，又同至上海新邨訪劉經理健夫，會張景文會計長亦至，談至五時始辭出，又訪劉副理縵鄉夫婦，不遇留片。

12月30日　星期一　晴

師友

下午，張卓然兄來訪，談其所主持之中興商行將向行接洽押款，余允予辦理，明日在行接洽。

職務

自來水公司因向上海聯合國救濟總署採辦器材需分期付款，在訂約之時需銀行擔保，本行允轉委託江蘇農民銀行代為擔保付款，今日簽約，該處以水費收入為來源，

市庫收入為擔保。

交際

　　晚，歡宴新省府委員廳長等，計到者民廳劉廳長翔、財廳尹廳長文敬、委員彭國棟、劉玉田及田糧處鄭處長希冉等，又兵站總監陳寶倉未到，副監王君到，八時散。

12月31日　星期二　晴

職務

　　中午，商務、世界、正中三書局在青年會宴各經理，決定下學期印製教科書貸款事，由中國、交通、農民、中信局及本行各貸一千七百萬，共八千五百萬，以本行為代表行，利息五分，期限三個月，抵押品以該書局等印書材料提充，但不能進倉，僅以預算營業表為之。下午，到財政廳出席審查山東省設置縣市金庫辦法，參加者尚有合作事業管理處，對省府會議交審查之條文重新加以修正。今日為全年決算之日，會計方面因適應納稅條件，多因之而變通，此意並已與財政廳尹廳長研討，其辦法為確定純益前先將照章應提之紅利與行員酬勞金提出，用利息及各項提存科目出帳，另按放款總額百分之三提存呆帳準備，所餘者為純益，再行照章分配，如是完稅數可減少，但因上期決算已辦，不能改正，故僅下期如此辦理，各分行辦事處原為盈餘無多，故未作是項準備，但為劃一步調，決定通知一律辦理，其方式為派稽核科第一股主任

俞慰萱前往面達，明晨啟程，先到濰縣，後到青島，至張
店、周村兩辦事處恐損益相平，故不再通知，任其照固定
辦法辦理云。

師友

　　晚，同德芳訪高注東兄及夫人，其夫人係由川來
濟，行程四十餘日，受盡風霜之苦云。

附錄

發信表

日期	人名	地址	事由
1/10	鄧光烈	合肥皖地行	約來任總務處
1/10	桂競秋	前信今日轉	請允調用鄧光烈
1/10	丁雲翔	蚌埠皖地行	約來任業務處
1/10	張樹人	蚌埠皖地行	復候，眷過蚌請照料
1/10	莫寒竹	合肥皖省府	已介紹先良處工作
1/10	張振玉	前信今日轉	約至青分行任經理，並請轉汪國第同來
1/10	張學騫	前信今日轉	約來濟工作
1/10	李先良	青島市政府	為嘉書吹噓，介紹寒竹
1/10	陸嘉書	青島市銀行	已向先良吹噓
1/10	張岳靈	合肥皖地行	商調雲翔、振玉、國第、一民工作
1/11	德芳	霍邱地行轉	車通即來，轉達友人速來
1/12	崔唯吾	重慶領事巷十二號	請向錢幣司解釋
1/12	韓兆岐	重慶華壽崧轉	來後工作始能定
1/30	高希正	屯溪	近況
1/30	德芳	霍邱	平順
2/5	許異我	合肥地行	通候
2/5	高注東	重慶	洽友人農場事
2/5	劉可人	阜陽地行	盼暫不來魯
2/5	沈玉明	舒城	不能參加婚禮為憾
2/5	廖梓琴	安慶高院	通候
2/6	趙百源	蚌埠	通候
3/9	德芳	霍邱	青州撥五萬
3/9	陳長興	天津市府會計處	通候
3/15	鄧光烈	合肥	來魯望勿帶人
4/1	丁雲翔	蚌埠地行	請代李向華撥阜款
4/4	父親	青島	平安回濟
4/4	德芳	霍邱	有青島之行
4/15	陸嘉書	青島本行	行務諸端
4/19	高希正	青島	于誠德難按插
4/19	馮有辰	杭州	來魯可任專員
4/23	張振玉	懷遠	江南不設行，望速赴青
4/25	德芳	霍邱	飛機事在進行中
5/6	高希正	青島港務局	代先培撥二百萬
5/6	高希正	青島港務局	趙少文已介直接稅局
5/6	吳先培	重慶皖地行	款撥青 200 萬，孳息百分八十，望告處理辦法

日期	人名	地址	事由
5/6	吳柏芳	南京交通銀行	謝代撥宗樹男款
5/6	丁雲翔	蚌埠皖地行	代撥款由交行調還
5/6	林鳴九	青島	秦堯正洽調中
5/9	陳果夫	南京中農行	報告本行業務（託吳敬生面遞）
5/10	許異我	合肥皖地行	通匯事盼速
5/11	陸嘉書	青島省行	購物收到價款請告
5/11	于海洲	青島聊城路	陳局長允將來調其職務
5/12	玉祥弟	安順軍醫學校	不必廢學
5/12	德輝弟	安康廿二中一分校	青州現況
5/15	德芳	霍邱	請候傅瑞瑗通知來濟
5/15	劉超然 傅瑞瑗	成都空軍參校	請為德芳接洽飛機
5/18	崔唯吾	南京慈悲社	董監名單主席帶京（此函鏡洲帶）
5/18	吳敬生	南京中農總管處轉	請向戴司長催註冊（此函鏡洲帶）
5/18	吳柏芳	南京交通行	介紹鏡洲（此函鏡洲帶）
5/18	馬星野	南京中央日報	介紹鏡洲（此函鏡洲帶）
5/18	沈長泰	南京財部錢幣司	註冊文件齊，乞早辦（此函鏡洲帶）
5/18	楊綿仲	南京國庫署	資本請早撥（此函鏡洲帶）
5/20	胡善恆	南京政院會計處	資本請早撥（此函鏡洲帶）
5/20	張樹人	南京安徽地行	介紹劉鏡洲兄（此函鏡洲帶）
5/22	高希正	青島港務局	請通知畢鴻遇請辭
5/22	陸嘉書	青島省銀行	慰問並告已示畢請辭
5/25	德芳	霍邱	濟市甚安，稍緩可來
5/25	李吉甫	徐州綏署	請代洽飛機（交德芳備用）
5/25	魯宜軒	天津探送	代電賀訂婚
5/28	陳果夫	南京中農行	請推薦注東為董事
5/29	張振玉	懷遠地行轉	催週來青
5/29	吳先培	重慶地行	餘款已買紗一件
5/29	振祥弟	青島電處轉	不必參加本行工作
5/30	隋石孚	南京考選會	會計師檢核事
5/30	鮑弘德	屯溪地行	請探催汪國第赴青
6/4	德芳	霍邱	請速來信
6/5	趙棣華	交通總處	問候（託季獻之帶）
6/5	呂廣恩	青島市政府	望策動興良市財局事
6/5	朱興良	蚌埠國貨路 43	青市財局事已進行中
6/8	德芳	霍邱	詢日記本尚有否
6/17	韓學玉	上海臨大先修班	下學期可來魯否
6/17	趙榮孝	蚌埠	到青後請來信，局部工作可設法
6/17	蔣嚴菊	青島善救分署一工作隊	請為蔣蘭蕙謀事
6/20	德芳	霍邱	濟南已轉安定

日期	人名	地址	事由
6/20	高成書	青島	趙少文盼來濟
7/8	傅瑞瑗	白市驛空軍站	已撥借廿萬元
7/15	陸嘉書	青行	行務總答
7/16	德芳	霍邱	濟市已轉危為安
7/20	劉振東	南京寧海路四號	隋玠夫請在濟幫忙
7/20	崔唯吾	南京慈悲社十四號	京行經理事
7/23	蔣嚴菊	青島救濟分署	辨天上飛來紙迷金醉
7/23	蕭繼宗	青島市府新聞處	通候
8/1	德芳	霍邱	月中請赴京搭機
8/1	劉超然	成都空軍參校	請介紹京友搭機
8/2	吳先培	南京皖地行	青款結束、德芳機位
8/2	傅瑞瑗	白市驛空軍站	請介紹南京友人
8/2	周天固	南京中央日報	請為德芳設法搭機
8/2	劉鏡洲	南京建康路315	請為德芳設法搭機、京行主任事
8/2	高成書	南京周天固轉	京行已有人
8/2	李先良	青島市府	介紹許餞儂赴青
8/2	張畏嵒	安慶地行	託查所存書籍
8/5	張振玉	青行	託挽留陸嘉書
8/5	陸嘉書	青行	請勿辭職
8/5	劉德光	南京皖地行	託代張景文買剃刀
8/6	李先良	青島市府	望維持青行
8/7	陳果夫	南京	與尚齋聯名請提涵生為青市民政局長
8/8	石光鉅	南京國庫署	通候
8/16	德芳	霍邱、南京	來濟之準備事項（複寫兩份）
8/17	許餞儂	漢口貨物稅局	已函先良推薦銀行事
8/17	劉振東	南京寧海路廿號	隋玠夫、易澤霖事
8/17	楊自謙	屯溪	如必須赴青當設法
8/19	桂競秋	南京	賀到財部
8/21	崔唯吾	南京慈悲社十四號	京處房屋請決定
8/21	姜啟炎	南京政校同學會轉	京處人選已定
8/21	高成書	屯溪	京處人選已定
8/21	振祥弟	上海震處行	請買自由日記
8/26	德光弟	南京	傅瑞瑗已介葛參謀主任
9/4	德光弟	南京	告德芳到濟
9/12	劉超然	上海空軍第二勤務大隊	謝洽機位事
9/12	傅瑞瑗	白市驛空軍站	謝洽機位事
9/12	夏竹軒	霍邱荒地局	謝照拂眷屬
9/12	于海洲	青島	託事已與班庭會函路局
9/12	劉鏡洲	南京	京處主任事容胥自辭
9/25	崔唯吾	南京	房屋事經過

日期	人名	地址	事由
9/25	周天固	南京中央日報	謝餽贈並賀生子
9/25	振祥弟	上海	先培款事，日記停買
9/27	馮有辰	南京財政部	京處歡迎主持及經過
9/27	高成書	屯溪	京滬設處有待
9/27	馬兆奎	南京	詢來濟否
9/28	王玉忱	濟陽十區專署	謀事以先來為宜
9/28	玉祥弟	貴陽軍醫學校	詢移滬否，家人情形
9/28	劉超然	上海空軍二勤大隊	買房不簡單
9/30	振祥弟	上海	先培款本息撥京
9/30	德光弟	南京	來濟住址與電話
9/30	衍訓	青島省行轉	多讀書、敦人品、謹言
10/2	德芳	青州	回程過張店下車辦法（附宓汝祥介紹片）
10/3	德芳	青州	訟事託牟尚齋兄函關縣長
10/3	蕭繼宗	青島市新聞處	謝贈澹夢集
10/3	吳先培	南京皖地行	紗候處理，青款由申調京
10/3	桂競秋	南京皖地行	趙逸生不就泰安事
10/4	張振玉	青島省行	汽車、渠補薪事、中紡可連繫
10/4	劉振東	南京寧海路廿號	董監事已派定
10/4	王秋圃	青島山東臨中	通候
10/5	崔唯吾	南京	苗海南等同豐股款事
10/5	韓學玉	南京市立三中	通候
11/13	張振玉	青行	副理人選望提出，勉以沉著
11/22	振祥弟	上海	託買它斯錦與銀行人員手冊
11/23	崔唯吾	南京	陳冰事望與王主席談
11/23	陸嘉書	青島	准辭職，惜別
11/23	張振玉	青島	准陸辭職，望禮遇
11/25	馮有辰	南京	房屋事就地接洽
11/25	于錫川	南京	請取回會計師證件
11/25	趙翔林	北平市銀行	通候
11/27	劉鐸山	南京	易君候派，請介紹尹文敬
11/28	王玉忱	洛陽	所匯廿萬已轉匯
11/28	陸嘉書	青島	詢願任市行事否
11/28	潘金壽	麻埠	茶已到
11/28	高成書	青島	行庫仍應在京活動
11/28	劉超然	南京	勸勿轉業
11/29	單鳴皋	漢陰廿二中	詢德輝弟消息
11/29	逄化文	青島	陸嘉書勉准其辭
11/29	朱興良	蚌埠	慰喪子
12/9	張竹溪	南京	問所欲售房之價
12/9	陳果夫	南京	請介紹尹文敬

日期	人名	地址	事由
12/9	張振玉	青島	營業主任事
12/9	陳以靜	南京	歡迎來濟
12/9	于錫川	南京	託求吳稚暉、沈尹默字
12/9	吳典祥	青島	問曾作何事
12/9	韓學玉	蘇州	賀結婚
12/9	吳柏芳	南京	詢教儲墊款若干
12/9	孔瀟庵	南京	復候
12/9	金戒塵	南京	復候
12/10	于錫川	南京	已准病假一月
12/13	畢天德	青島	介紹董雲樵君
12/13	劉超然	南京	請與尚齋洽談
12/13	德光弟	南京	謝贈牙筷與牙章
12/13	郭叔儒	青島	通候
12/18	振祥弟	上海	陸嘉書離行經過
12/18	王梧明	青島中信局	有機會時當函約
12/18	關子高	漢口貨物稅局	通候
12/18	吳樹禎	合肥皖行	謝贈月刊
12/19	父親	青島	請來濟；本家之來濟者望阻止

收支一覽表

月日	收入要目	收入數額	月日	支出要目	支出數額
1/1	上年結存	16,332.00	4/30	以上補記去年十月至本月之支出	
1/1	補上年十月份待遇	57,966.38		碑帖書籍字畫	78,000.00
1/1	補上年十一月份待遇	59,960.00		毛衣、毛線、衣料、毯	39,000.00
1/1	又十二月份待遇	59,943.30		灰鼠皮桶	18,000.00
1/31	本月份待遇	61,903.30		錶	54,000.00
2/15	本月份待遇	84,303.30		白糖	2,000.00
3/15	本月份待遇	125,303.30		鋼琴	22,000.00
4/15	本月份待遇	125,303.30		汗衣、襯衣、棉鞋	25,000.00
4/30	補去年 3-9 月維持費	294,000.00		皮包、皮鞋、皮箱	115,000.00
				小棉襖、大褂	34,000.00
				贈周銅山	30,000.00
				贈宗樹男	20,000.00
				贈徐志明、仲振圖	15,000.00
				藥品、化妝品等	3,000.00
				大帳子	4,000.00
				麵八袋	24,000.00
				撥青州	50,000.00
				飲食雜用	21,952.88
				本月餘存	280,062.00
	總計	868,682.88		總計	868,682.88

月日	收入要目	收入數額	月日	支出要目	支出數額
5/1	上月餘存	280,062.00	5/5	食用	750.00
5/15	本月薪	520.00	5/5	老酒	2,000.00
5/15	加成	72,800.00	5/6	便鞋	10,000.00
5/15	基本數	45,000.00	5/6	熨衣、晚飯	4,000.00
5/15	公費	7,000.00	5/10	糖、肥皂	3,000.00
5/23	米貼	156,000.00	5/10	櫻桃	150.00
			5/10	早點	2,000.00
			5/10	戲票	2,000.00
			5/11	大毛巾	1,400.00
			5/11	戲票	4,500.00
			5/12	游湖	6,500.00
			5/15	所得稅	20.00
			5/15	汗衫一件	8,500.00
			5/15	郵票	500.00

月日	收入要目	收入數額	月日	支出要目	支出數額
			5/15	觀劇	7,300.00
			5/15	食用	3,000.00
			5/16	理髮	700.00
			5/18	約友觀劇	10630.00
			5/19	衣架、書	500.00
			5/19	蘿蔔	100.00
			5/20	食用	2,200.00
			5/22	食用	6,300.00
			5/23	補付衣料款	200,000.00
			5/26	冰吉凌	2,500.00
			5/27	食用	4,000.00
			5/28	約友觀劇	2,400.00
			5/28	理髮	500.00
			5/29	禮俗	7,000.00
			5/29	下月牛奶	3,000.00
			5/30	食用	2,600.00
			5/31	約友觀劇	3,700.00
				本月餘存	259,632.00
	總計	561,382.00		總計	561,382.00

月日	收入要目	收入數額	月日	支出要目	支出數額
6/1	上月餘存	259,632.00	6/1	四史	50,000.00
6/15	省行本月薪	520.00	6/1	大褂、小褂縫工	9,800.00
6/15	生補基本數	60,000.00	6/2	約友觀戲	4,000.00
6/15	生補加三百倍	156,000.00	6/2	同學會會費	1,200.00
6/15	公費	7,000.00	6/2	食用	2,400.00
6/15	米二石代金	240,000.00	6/3	雞蛋、洗衣	1,000.00
			6/3	布制服縫工	22,000.00
			6/3	洗被	1,900.00
			6/4	端節賞役	10,000.00
			6/5	修表	10,000.00
			6/5	食用	2,000.00
			6/5	約友觀戲	3,000.00
			6/6	食用	2,000.00
			6/7	食用	2,000.00
			6/7	換購鳳梨	3,000.00
			6/7	頭油	8,000.00
			6/8	花露水	5,000.00
			6/9	食用	2,000.00

月日	收入要目	收入數額	月日	支出要目	支出數額
			6/12	食用、熨衣	2,000.00
			6/15	所得稅	20.00
			6/15	制服縫工	5,200.00
			6/15	華子修生子賀禮	21,300.00
			6/16	杭紡十四尺	25,000.00
			6/16	食用、熨衣	3,000.00
			6/17	書刊	1,600.00
			6/17	食用	6,700.00
			6/17	冰激淋	2,700.00
			6/18	蚊香一盆	1,000.00
			6/19	食用與捐款	3,000.00
			6/20	冰吉淋	2,000.00
			6/20	街頭慰勞捐	1,000.00
			6/20	熨衣	2,000.00
			6/22	答馬贈枕衣	40,000.00
			6/22	食用、熨衣	6,000.00
			6/22	理髮	1,000.00
			6/26	桃四斤	1,600.00
			6/27	香皂、眼藥	2,400.00
			6/28	食用、雞蛋	2,000.00
			6/28	換枕用菜豆殼	4,000.00
			6/29	布兩段	24,240.00
			6/30	食用、熨衣	3,040.00
			6/30	下月牛奶	3,720.00
				本月餘存	419,332.00
	總計	723,152.00		總計	723,152.00

月日	收入要目	收入數額	月日	支出要目	支出數額
7/1	上月餘存	419,332.00	7/3	來客食用、蚊香	12,000.00
7/15	本月省行薪	520.00	7/4	馬莉珠借	30,000.00
7/15	同上加成三百倍	156,000.00	7/8	食用、熨衣	5,000.00
7/15	同上基本數	60,000.00	7/12	連日食用、熨衣	5,000.00
7/15	同上公費	7,000.00	7/12	食用、熨衣	6,000.00
7/15	米代金	240,000.00	7/13	西瓜	4,000.00
7/27	本月省行特別費	100,000.00	7/15	西瓜、食用	4,000.00
			7/15	所得稅	20.00
			7/15	一日所得捐獻	4,000.00
			7/15	給仲奎嬰兒	10,000.00
			7/15	請全體同人餐食	19,750.00

月日	收入要目	收入數額	月日	支出要目	支出數額
			7/16	食用	2,450.00
			7/17	介壽堂捐	72,800.00
			7/18	史紹周喜儀	20,000.00
			7/18	理髮	1,000.00
			7/19	洗衣、熨衣、𥱊子	6,000.00
			7/21	西瓜	4,000.00
			7/21	觀戲茶資	3,000.00
			7/21	熨衣、食用	3,000.00
			7/24	西瓜、食用	6,000.00
			7/27	下月牛奶	6,000.00
			7/27	食用、熨衣	3,000.00
			7/29	熨衣、食用	4,000.00
			7/29	劉本錚喜儀	20,000.00
			7/30	同鄉會捐	10,000.00
			7/30	消治龍一瓶	6,000.00
			7/31	蚊香	4,000.00
				本月餘存	711,832.00
	總計	982,852.00		總計	982,852.00

月日	收入要目	收入數額	月日	支出要目	支出數額
8/1	上月餘存	711,832.00	8/3	洗熨衣、蛋	4,000.00
8/15	上期省行息	30,000.00	8/4	淳化閣考正	10,000.00
8/15	省行本月薪	520.00	8/4	張遷碑、法書考	8,000.00
8/15	同上加 540 倍	280,800.00	8/4	帖三種	1,500.00
8/15	同上基本數	90,000.00	8/5	蘋果二斤半	2,000.00
8/15	特公費	7,000.00	8/6	食用、熨衣	3,000.00
8/15	特別費	100,000.00	8/6	郵票	500.00
8/15	食米及火食 26 斗	331,500.00	8/7	麓山碑等三種	40,000.00
8/21	補 4-8 月公費	315,000.00	8/11	林毓祥喜儀	50,000.00
			8/11	荷花	1,000.00
			8/11	熨衣、食用	4,000.00
			8/12	義務戲票十張	50,000.00
			8/13	茶資	1,500.00
			8/15	所得稅	31,820.00
			8/15	助林毓祥婚費	50,000.00
			8/15	撥青州	100,000.00
			8/16	蘋果、食用、熨衣	8,000.00
			8/16	理髮	1,000.00
			8/20	書及帖四種	36,000.00
			8/26	熨衣、蛋	7,000.00

月日	收入要目	收入數額	月日	支出要目	支出數額
			8/29	本月行內火食	18,100.00
			8/30	食用、熨衣	4,000.00
			8/30	下月牛奶	6,000.00
			8/30	刁遵等帖六種	23,000.00
			8/30	自由日記三本	20,000.00
			8/30	李淑英母賻儀	31,000.00
			8/31	水果	900.00
				本月餘存	1,354,332.00
	總計	1,866,652.00		總計	1,866,652.00

月日	收入要目	收入數額	月日	支出要目	支出數額
9/1	上月餘存	1,354,332.00	9/1	癬水	1,500.00
9/9	省行本月薪	520.00	9/5	P51 金筆	125,000.00
9/9	同上加成數	280,800.00	9/5	手表帶	10,000.00
9/9	同上生活補助	90,000.00	9/5	紹南書	1,000.00
9/9	同上公費	70,000.00	9/9	所得稅	38,090.00
9/9	同上特別費	100,000.00	9/9	裱虎青贈序	40,000.00
9/13	同上米貼	264,000.00	9/9	五日游湖	12,000.00
9/13	同上膳費	79,200.00	9/9	九成宮帖	8,000.00
9/20	退八九月所得稅	45,730.00	9/12	牛奶	6,000.00
			9/12	食用	5,600.00
			9/12	食用	40,000.00
			9/13	理髮	1,000.00
			9/13	本月午膳	16,500.00
			9/13	洗衣	7,500.00
			9/17	家用	100,000.00
			9/20	布三丈、糖九斤	46,250.00
			9/20	中央周刊	500.00
			9/26	修理小鐘	5,000.00
			9/26	郵票	700.00
			9/26	家用	200,000.00
			9/28	校碑隨筆	5,000.00
			9/30	家用	7,500.00
				本月餘存	1,607,442.00
	總計	2,284,582.00		總計	2,284,582.00

月日	收入要目	收入數額	月日	支出要目	支出數額
10/1	上月餘存	1,607,442.00	10/3	食用	23,000.00
10/15	省行本月薪	520.00	10/3	牛奶	15,500.00

月日	收入要目	收入數額	月日	支出要目	支出數額
10/15	同上加成數	280,800.00	10/4	食用	5,000.00
10/15	同上基本數	90,000.00	10/4	襪兩雙	3,800.00
10/15	同上公費	70,000.00	10/4	金石萃編	20,000.00
10/15	同上特別費	100,000.00	10/5	家用	50,000.00
10/15	同上米貼	330,000.00	10/6	贈沈炯齋墨	50,000.00
10/15	同上膳費	99,000.00	10/8	德芳旅費家用等	560,000.00
			10/11	新中華等	2,640.00
			10/14	家用	100,000.00
			10/15	家用	40,000.00
			10/15	所得稅	12,090.00
			10/16	理髮	1,000.00
			10/16	膳費（午）	21,400.00
			10/22	家用	200,000.00
			10/22	兩周金文	8,000.00
			10/22	木棉	8,000.00
			10/23	六家墨蹟冊頁	70,000.00
			10/26	家用	100,000.00
			10/27	家用	200,000.00
			10/31	助張麗卿	20,000.00
			10/31	毛褲	45,000.00
				本月餘存	1,022,332.00
	總計	2,577,762.00		總計	2,577,762.00

月日	收入要目	收入數額	月日	支出要目	支出數額
11/2	上月餘存	1,022,332.00	11/2	戲票五張	15,000.00
11/16	本月薪	520.00	11/2	開明少年	1,100.00
11/16	又生活補助	90,000.00	11/4	中學生、開明少年	2,500.00
11/16	又加 540 倍	280,800.00	11/6	合照祝壽日影	10,000.00
11/16	又特別費	100,000.00	11/7	珂璀版十種	57,200.00
11/16	又公費	70,000.00	11/10	墨緣彙觀	4,000.00
11/16	又米貼與膳費	390,000.00	11/10	薛氏鐘鼎款識	4,000.00
			11/10	孫氏書畫記等	2,000.00
			11/10	游相蘭亭	2,000.00
			11/10	李少監城隍廟碑	2,000.00
			11/13	紹南用地圖	6,500.00
			11/16	所得稅	12,090.00
			11/16	本月午膳	21,500.00
			11/16	戲票等	8,600.00
			11/16	雜用	2,700.00
			11/17	堅瓠集等	17,000.00

月日	收入要目	收入數額	月日	支出要目	支出數額
			11/17	木偶奇遇記等	9,500.00
			11/18	撥青島衍訓	200,000.00
			11/19	觀劇	16,000.00
			11/20	看電影	4,500.00
			11/21	家用	80,630.00
			11/22	扇面一幀	1,000.00
			11/25	棉毛衫	15,000.00
			11/26	多寶塔、墨譜	7,000.00
			11/26	金石書三種	10,000.00
			11/26	中華少年五本	2,250.00
			11/26	同鄉捐	10,000.00
			11/26	交德芳家用	600,000.00
			11/27	贈尚齋書譜	30,000.00
			11/27	說文兩種鄭文公碑	16,250.00
			11/28	家用	200,000.00
				本月餘存	583,332.00
	總計	1,953,652.00		總計	1,953,652.00

月日	收入要目	收入數額	月日	支出要目	支出數額
12/1	上月餘存	583,332.00	12/2	理髮，連前	5,000.00
12/15	本月薪	520.00	12/3	帖十種	92,000.00
12/15	加成數	280,800.00	12/9	同鄉會捐	11,000.00
12/15	基本數	90,000.00	12/9	牟尚齋生子送禮	42,000.00
12/15	公費	70,000.00	12/9	十三行、自敘帖	20,000.00
12/15	特別費	100,000.00	12/13	青島衣物筆等	125,400.00
12/15	米貼與膳費	312,000.00	12/15	本月午膳費	21,400.00
12/24	復員費	240,000.00	12/15	家用	800,000.00
12/24	存息	77,000.00	12/15	帖兩本	4,000.00
12/26	年終加薪	1,056,850.00	12/15	蘋果	3,000.00
12/26	收回十一月所得稅	12,070.00	12/20	龍門造像	25,000.00
12/28	補發加成數	213,200.00	12/24	傲萊山房墨迹	60,000.00
12/28	補發基本數	50,000.00	12/24	程君房墨	40,000.00
12/30	補發年終加薪	325,950.00	12/26	德芳南京支旅費	500,000.00
			12/27	家用	100,000.00
			12/29	寗齋集古錄	50,000.00
			12/29	炳燭集	1,500.00
				本月餘存	1,511,422.00
	總計	3,411,722.00		總計	3,411,722.00

收支統計表

月次	收入數額	支出數額	揭存數額
上年	16,332.00		
一月～四月	852,350.88	588,620.88	263,730.00
五月	281,320.00	301,750.00	-20,430.00
六月	463,520.00	303,820.00	159,700.00
上半年合計	1,597,190.88	1,194,190.88	403,000.00
七月	563,520.00	271,020.00	292,500.00
八月	1,154,820.00	512,320.00	642,500.00
九月	930,250.00	677,140.00	253,110.00
十月	970,320.00	1,555,430.00	-585,110.00
十一月	931,320.00	1,370,320.00	-439,000.00
十二月	2,828,390.00	1,900,300.00	928,090.00
下半年合計	7,378,620.00	6,286,530.00	1,092,090.00
本年總計	8,975,810.88	7,480,720.88	1,495,090.00
本年一月平均			
本年一日平均			
上年總計比較			
摘要			

民國日記 08

吳墉祥戰後日記（1946）
The Post-War Diaries of Wu Yung-hsiang, 1946

原　　著　吳墉祥
主　　編　馬國安
總 編 輯　陳新林、呂芳上
執行編輯　林弘毅
文字編輯　李佳若
封面設計　陳新林
排　　版　溫心忻

出 版 者　🛡 開源書局出版有限公司
　　　　　香港金鐘夏慤道 18 號海富中心
　　　　　1 座 26 樓 06 室
　　　　　TEL：+852-35860995

　　　　　❀ 民國歷史文化學社
　　　　　10646 台北市大安區羅斯福路三段
　　　　　　　　37 號 7 樓之 1
　　　　　TEL：+886-2-2369-6912
　　　　　FAX：+886-2-2369-6990

銷 售 處　源流成文化 股份有限公司
　　　　　10646 台北市大安區羅斯福路三段
　　　　　　　　37 號 7 樓之 1
　　　　　TEL：+886-2-2369-6912
　　　　　FAX：+886-2-2369-6990

初版一刷　2019 年 9 月 20 日
定　　價　新台幣 350 元
　　　　　港　幣 90 元
　　　　　美　元 13 元
I S B N　978-988-8637-15-7
印　　刷　長達印刷有限公司
　　　　　台北市西園路二段 50 巷 4 弄 21 號
　　　　　TEL：+886-2-2304-0488